W9-BJS-357

Chinese Primer

中文入門

臺靜農題

陳大瑞　臺益堅

林培瑞　唐海濤

CHINESE PRIMER

Character Text

Ta-tuan Ch'en

Perry Link

Yih-jian Tai

Hai-tao Tang

Princeton University Press

Princeton, New Jersey

Copyright © 1994 by Princeton University Press
Published by Princeton University Press, 41 William Street,
Princeton, New Jersey 08540
In the United Kingdom: Princeton University Press,
Chichester, West Sussex

All Rights Reserved

Library of Congress Cataloging-in-Publication Data

Chinese primer. Character text / Ta-tuan Ch'en . . . [et al.].
   p.   cm.
   Previously published by Harvard University Press, 1989.
   ISBN 0-691-03694-2
   1. Chinese language—Textbooks for foreigners—English.
I. Ch'en, Ta-tuan.
PL1129.E5C4225   1994
495.1'82421—dc20   93-45904

This book was prepared at the Chinese Linguistics Project,
Princeton University, with the aid of a grant from the Geraldine
R. Dodge Foundation.
The title page calligraphy is by Professor

Ching-nung T'ai (臺靜農).

The cover design is by Daniel Shawjing Lee (李小鏡).

Princeton University Press books are printed on acid-free paper
and meet the guidelines for permanence and durability
of the Committee on Production Guidelines for Book Longevity of
the Council on Library Resources

Audiotapes and videotapes are available for use with the *Chinese
Primer*. For further information, contact: Chinese Linguistics
Project, 231 Palmer Hall, Princeton University, Princeton, NJ
08544. Phone: (609) 258-4269. Fax: (609) 258-6984.

Printed in the United States of America

10
ISBN-13: 978-0-691-03694-6

ISBN-10: 0-691-03694-2

NOTE TO THE STUDENT

This is a character text for **Chinese Primer**. It corresponds, part for part, to the romanized lessons. Each lesson is presented in both the traditional and the simplified forms. The texts in simplified forms follow this preface immediately, and are arranged in horizontal rows, in the manner of books printed in the People's Republic of China. The texts in traditional forms begin at the other end of the book, which is the front from the traditional Chinese point of view. The characters are arranged in vertical columns, which also is the traditional manner. To help develop correct habits in the use of neutral tones, we have used slightly smaller characters for neutral-tone syllables in units I through III. From Unit IV on, we expect the student's habits to be good enough not to need this aid. Certain characters, such as 個, 是, 的, 子 are almost always in the neutral tone, as described in the Grammar Notes. Therefore they have not been printed in the smaller type.

This volume also includes, at the other end, an introduction in Chinese that is intended for teachers, especially those teachers who are native speakers of Chinese.

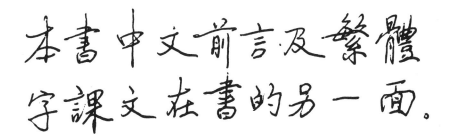

本書中文前言及繁體
字課文在書的另一面。

CONTENTS

TEXT IN SIMPLIFIED CHARACTERS (简体字课文)

CHINESE PRIMER

Character Text

TEXT IN SIMPLIFIED CHARACTERS

第一单元　男学生、女学生

第一课　朋友（上）

甲（男、美国人）乙（女、中国人）

甲　贵姓？

乙　我姓丁。你贵姓？

甲　我姓张，我的名字叫张儒思。

乙　我叫丁新。

甲　我是学生，你是不是学生？

乙　是，我也是学生。

甲　我是一个美国学生，你也是美国学生吗？

乙　不是，我不是美国学生。我是中国学生。

甲　你是小学生还是中学生？

乙　我是中学生，我是初中学生。

甲　我也是中学生，可是我不是初中学生，

是高中学_生。

乙　我们都是学_生。你是男学_生，我是女学_生。

甲　你跟我都是学_生，所以也都是朋_友。你是女学_生，我是男学_生，所以你是女朋_友，我是男朋_友。

乙　可是我不是你的女朋_友。

甲　我也不是你的男朋_友。

乙　咱们是新朋_友。

（进教室 They enter the classroom）

第一单元　第二课　朋_友（下）

甲　那个人是谁？他是不是一个大学生？

乙　不是，他是我们的老师，也是我们的老朋_友。

甲　老师是我们朋_友吗？

2

乙　是的。

甲　这张桌子是你的不是？

乙　不是，这张桌子是他的，这把椅子也是他的。

甲　哪张桌子是你的呢？

乙　那张桌子是我的，那把椅子也是我的，那张桌子跟那把椅子都是我的。（见远处一样东西 sees a distant object）せ，那是什么？

甲　那是一只狗。（吹口哨叫狗，小狗跑过来。Whistles to call small dog. Small dog runs over.）

乙　せ，这只狗是谁的？

甲　这是我的狗，也是我的好朋友。

乙　狗是你的朋友吗？

甲　是的，狗是我的朋友，我的朋友是狗。（笑 laughs）

乙　我不是狗，所以我不是你的朋友，对不

3

对？

甲　不对，不对，你是我的朋_友。虽然你不是狗，但是你还是我的朋_友。（指着一只大狗 pointing to a large dog）他虽然是狗，但是他不是我的朋_友。

第一单元　第三课　要_求太高

甲　早，你好_吗？

乙　早，我还好，你呢？

甲　我今天有一_点_儿不舒服。我觉_得很累。我的那张床太软，很不舒_服。

乙　我的床也很软，不够硬。也许都太旧了。

甲　这个宿舍的屋子都不太好，都那么小。

乙　可是咱们的这间教室不错。窗户这么大，门这么高，屋子也很亮，所_以很舒

4

服。

甲　这个学校的饭真坏。早饭不好吃，中饭不好吃，晚饭也不好吃。

乙　虽然你说不好，可是我觉得这个学校的饭还不错。

甲　还不够坏吗？昨天中午的鸡太生，晚上的牛肉太硬，今天早上的鸡蛋又太老。

乙　我觉得你的要求太高了。这个学校是一个好学校，也是一个有名的学校。学生多，老师好，可是你觉得还不够好。

甲　学生虽然多，可是球场太小，老师也太少。

乙　这个不好，那个也不好，你这个人的性情太奇怪。你看，咱们的中文老师多么好啊。

甲　这位老师好是好，可是她有点儿矮，鼻子也不够高，真不好看。她的眼

5

睛……

乙　别说了！你真是一个坏蛋。她是我母

　　亲el。

甲　嘎！（跑出去 runs out）

第一单元　第四课　中文课

甲（男，美国人）乙（女，中国人）

甲　请坐，请坐。你还有课吗？

乙　现在没有课，可是下午有课。

甲　下午有几堂课？

乙　有两堂。

甲　是什么课？是不是中文课？

乙　不是，是英文课。我没有中文课。

甲　你为什么不学中文呢？

乙　因为我是中国人，我会说中国话，所以我

　　不学中文，要学英文。

6

甲　我真喜欢中文。我天天都学中文，每天
　　都有中文课。

乙　你那么喜欢中文，现在会说中国话不会？

甲　我只会说一点儿，可是我会写中国字ei。

乙　你会写很多中国字吗？

甲　大字小字我都会写。

乙　真的？我不信。

甲　你看这是大字，这是小字。

乙　哦，你只会写"大""小"这两个字啊。

甲　我也会写一、二、三，还有上，还有
　　"下"(shia xià)。

乙　虾？虾字怎么写？
　　（甲写"下" A writes shiah xià）

乙　噢，是"下"不是"虾"。哎呀！你一说虾
　　我就饿了。

甲　好，咱们吃饭吧。

第一单元　第五课　吃亏

甲　你要不要先喝点ㄦ什么?

乙　我要喝茶，喝清茶。

甲　清茶是什么?

乙　清茶就是绿茶。中国人多半ㄦ喝绿茶，很少喝红茶。

甲　我们美国人多半ㄦ喝红茶，不喝绿茶。我红茶绿茶都不喝，就喝汽水。

乙　喝太多汽水ㄦ肚子会觉得不舒服；所以我不喝汽水ㄦ。也，我饿死了。

甲　我也饿死了。你要吃什么?今天我有钱，我请你。这家饭馆ㄦ的龙虾很有名，你想不想吃?

乙　好，那我就吃龙虾。

甲　好极了。(对服务员说 speaking to the waiter)

我们要两只龙虾。（摸摸口袋 feels pocket）
哎呀！我的皮包上哪儿去了？皮包本来
在这儿，现在不在了。

乙　（指着稍远处椅子旁边儿地上的一样东
西 pointing at something some distance away on the
floor beside chair）你看那儿，那儿有一个
东西，不知道是不是你的皮包？

甲　哪儿？在哪里？

乙　那把椅子那儿。

甲　（走过去看 walks over and takes a look）不是，
这不是我的皮包。（不好意思地笑着 chuck
ling with embarrassment）你有钱吗？

乙　有，可是我的钱也许不够。我只有一、
二、三、四、五、六、七、八、九、十、
十一、十一块钱。

甲　那我们就不能吃龙虾了。能吃什么呢？

乙　那我请你吃别的吧。本来你请我，现在

9

　　　　我请你了。

甲　谢谢谢谢，可是我也请你吃东西了。

乙　你请我吃什么了？

甲　吃亏。

第二单元 喝茶、吃饭、跑步

第一课 喝茶

甲（中国人）乙（美国人）

甲 谁啊？

乙 是我，张儒思。

甲 请进、请进。

乙 你忙不忙，你有空ル没有？

甲 我没事，你请坐。

乙 我今天下午没什么事，想跟你谈谈。

甲 很好，我也很想跟你谈谈。你喝什么？
   热的还是凉的？

乙 我喝热的吧。

甲 你要茶还是咖啡？

乙 茶或者咖啡都行，我两样ル都喝。要是

11

你有中国茶叶，那我就喝茶。

甲　我只有中国茶叶，没有别的茶叶，我不知道你喜欢不喜欢清茶？我只有清茶。

乙　清茶很好，我在中国的时候儿天天喝清茶（甲把茶叶放在杯子里，倒开水 A puts tea leaves into a cup and pours in boiling water）。

甲　这是中国法子泡茶，你喝得惯吧？

乙　当然喝得惯，我在中国住了两年，都是这么喝的。

第二单元　第二课　吃饭（上）

乙　（喝茶）嗯（Mm），这茶叶很好。小李啊，你来美国已经两个月了，你过得惯过不惯？

甲　别的还好，只有三件事情不大习惯，第一件是我的英文水平不够高，老师上

课的时候ル说话说得太快，有时候ル我以为听懂了，其实没听懂。第二件是喝凉水。第三件是用刀叉吃饭。

乙　怎么？你现在还不会拿刀叉吗？

甲　拿是会拿，可是拿得不对。你能不能教教我怎么拿刀叉？（甲拿出刀叉给乙 A takes out a knife and fork, gives them to B.）

乙　你用右手拿刀子，用左手拿叉子，这么样ル切。切完了，放下刀子，再用右手拿叉子一块一块地吃。很容易，是不是？

甲　对你很容易，对我可很难。我已经闹过两次笑话了。有一次我切一块鸡，我一切，鸡就跳得很高，掉到我旁边ル那个人的咖啡杯子里了。

第二单元　第三课　吃饭(下)

甲　(cont.)还有一次，我跟一位美国女同学一块儿吃饭。生菜里有个小番茄，我想："既然这个番茄这么小，就不用切了。"可是我一咬，番茄的汁就溅到那位女同学的脸上跟漂亮的衣服上了。

乙　(笑)她说什么呢？

甲　她倒很客气，好像完全没事儿似的。过了一会儿，她看我不注意的时候儿才擦了一下儿脸，其实我还是看见了。

乙　刚到外国，总要闹这种笑话的。我记得我刚到中国的时候儿，在一个朋友家里吃饭，我因为筷子拿得不好，也闹了笑话。我夹了一块肉，没夹住，"pa"的一声掉到汤碗里了。朋友妹妹的脸上手上身

14

上都是热汤。她也很客气，她说"不要紧，没关系，不烫，不烫。"

甲　你现在拿筷子拿得很好了吧？

乙　现在当然没有问题了。你有没有筷子？我可以拿给你看看。

（甲拿筷子给乙 A takes chopsticks, gives them to B.）

乙　是不是这么拿的？

甲　对了，对了，你拿得完全对。

第二单元　第四课　跑步

乙　其实这种事并不难，只要多练习几次就行。我相信再过几个礼拜，你拿刀叉就完全没有问题了。

甲　你的茶呢？

乙　茶我喝完了。

甲　还要不要？

乙　够了，够了，不要了。

甲　还有一件事我要问问你。我现在一天到晚念书，什么运动都没有，我想请你帮我的忙，想个什么法子每天运动运动。

乙　我每天早晨跑步，你跟我一块儿跑，好不好？

甲　好啊，你跑得快不快？也许咱们可以比赛一下儿。

乙　五年前我可以跟你比赛，现在要是跟你比赛，肯定是你赢我输。

甲　为什么？你又不知道我跑得快不快。

乙　以前我是跑马拉松的，我跑得非常快，每天都跑十几哩。后来腿摔伤了，现在跑不快了。每天慢慢儿地跑两三哩，锻炼锻炼就是了。

甲　你都在哪儿跑？

16

乙　就在街上跑。早晨街上没什么人。

甲　好极了。那明天就开始好不好？

乙　好，我得走了。明天早上见。

甲　明天见。

第三单元　客人

第一课　看房子

（两个学生在学校附近一所 rooming house 看房子 Two students are looking at rooms in a rooming house near school.）

甲　这间屋子很小，咱们两个人住恐怕不够大吧？

乙　对了，这间屋子两个人住太小了。这张床也太软，我不喜欢软床，你呢？

甲　我也不喜欢。这张桌子也太矮。（对房东 landlady）我们可不可以看看别的房间？

房东　那你们看看三号吧。三号比五号大。

　　（走进三号 They enter number three.）

乙　　世。这间屋子大。这间比五号大一点

儿。

甲　大一点儿？这间比那间大多了。这屋
　　子的床也硬得多，桌子也高。

乙　可是这间好像没有那间那么亮。

甲　我觉得差不多，因为这间屋子的窗子跟
　　那间一样大。而且不亮也不要紧，
　　因为咱们可以开灯。这儿有好几盏灯。
　　（走过去开灯goes over and turns on lamp.） 灯
　　开了，你看够亮不够？

乙　Mm，够亮了。也，这间的房顶好像矮一
　　点儿。你觉得这间有没有那间那么高？

房东　这儿的屋子都一样高，不会有什么
　　　不同的。

甲　咱们就要这间吧。你看怎么样？

乙　好，就这么决定了。

第三单元　第二课　屋子太乱

（三星期以后 three weeks later）

甲　你看你的衣服越来越多，咱们这屋子一
　　天比一天乱。

乙　你的东西也不少啊。你的书不但多，而
　　且大。东一本儿，西一本儿，简直乱得
　　不得了。

甲　我今天早晨刚整理过啊。

乙　你越整理越乱。你整理完了，你的书都
　　到我床上来了。

甲　对不起，这几本儿我忘了放到书架子上
　　去了。

乙　还有你的报也是东一张，西一张。以后
　　别在屋子里看报了。

甲　不看报怎么知道新闻？

乙　你可以到图书馆去看啊。从今天起咱们定一个工作时间表，好不好？星期一三五我扫地、擦桌子，二四六你来，你看怎么样？

甲　好啊。咱们最好把工作时间表写在纸上，然后贴在墙上，就不会忘了。

乙　你字写得比我好，你来写。

（甲把工作时间表写好贴在墙上）

第三单元　第三课　客人要来

乙　咱们这屋子乱是乱，可是挺舒服。我觉得比住宿舍好得多。

甲　那当然，而且也便宜点儿。这儿离教室也近，像你这样儿常常迟到的人，尤其得住得近点儿才行。

乙　世，你看咱们这间屋子是不是这所房子

里最乱的一间了？

甲　其实咱们这间还不能算是最乱的，因为五号比这间更乱。

乙　不过咱们不应该只跟坏的比，应该跟好的比才行。

甲　对了，你说得真对。可是说起来容易，作起来就不那么简单了。

　　（又过了几天）

甲　楼下有一封你的信，我给你拿上来了。

乙　多谢，多谢。（看信）哎呀！糟糕。

甲　什么事？谁来的信？

乙　我有个亲戚住在附近，他要来看我。

甲　他什么时候儿来？咱们这屋子这么乱，怎么能招待客人？咱们得马上整理整理。

乙　你不必紧张，他下个星期五才来，还有一个多礼拜呢。

甲　你作事向来慢，所以最好现在就开始整

理。

乙　我作事虽然慢，但是我从来没误过事，比你好得多。

甲　咱们不必你怪我，我怪你了。还是立刻就动手吧。

乙　不行，我明天有考试，我得上图书馆去看书，过两天再说吧。

第三单元　第四课　整理房间

（一星期以后）

甲　今天已经礼拜三了，他一点儿都没动，这个人太懒了。我得想个法子才行。恐怕只好骗他一下了。（写条子note贴在门上锁lock门出去）

乙　（从门上拿下条子读read）"我本来决定礼拜五来看你，后来因为要到这儿来看牙

医，就早来了两天。刚才我看了牙医就来看你，你不在家，我下午三点再来"。好家伙！还有两个半钟头。（把衣服、书、本子 notebook 等 etc. 往壁橱 closet 跟抽屉 drawer 里丢 throw）

（下午三点四十甲进来）

甲　喝！真干净，这屋子从来没有这么干净过。这是怎么回事？

乙　你怎么现在才回来？我一个人整理房间整理得累死了。

甲　你何必这么早就整理，客人不是礼拜五才来吗？

乙　他因为看牙医，早来了两天。上午已经来过了，幸亏咱们都不在家，他没进来。他在门上留了个条子说三点钟再来。现在已经三点三刻了，他还不来，我等得急死了。我四点钟还有一堂实验，只好

24

不去了。

甲　（忍住笑 stifles laughter）你放心去上实验吧，他不会来的。

乙　（开始疑心 suspect）你怎么知道他不会来？（拿起条子仔细 carefully 看）这一定是你写的。

（甲往外跑）

乙　我非打死你不可。（追下 chase）

第四单元　老黄

第一课　"看不清楚"跟"没看清楚"

（老师一上讲台，学生就有人小声ル笑，因为老师一脚穿黄皮鞋，一脚穿黑皮鞋。）

师　石可磊，你笑什么？

生甲　您左脚穿黄鞋，右脚穿黑鞋，左右不一样，您自己看不见。

师　哎呀！真不好意思。今天早晨我起来得很早，天还没大亮，我看不清楚，所以穿错了。

生乙　老师啊，照您上次所讲的，"看不清楚"跟"没看清楚"意思不一样。您到底是"看不清楚"还是"没看清楚"？

师　我起来的时候ㄦ，屋子里还是黑黑的，所以我是看不清楚。要是屋子里是亮的，或者我开了电灯，可是我还把鞋穿错了，那就是没看清楚。你们懂了没有？

众学生　现在懂了。

师　今天我的样子的确有点ㄦ奇怪。可是今天我要给你们讲第八课，我要用一个特别的法子讲，所以我样子特别一点ㄦ倒也很合适，你们看啊，地上有东西没有？有没有东西？

众学生　没有，什么都没有，什么都看不见。

第四单元　第二课　狗房子

（现在地上有了黑布black cloth盖着cover的狗房子）

师　现在呢？

众学生　现在有东西了。

师　王如章，现在地上是什么东西啊？

王　是个大盒子。盒子里是什么就不知道了，因为看不见。

师　我把布拿掉你们就看得见了。

众学生　啊，是条大狗，真漂亮。

师　这是我们家的狗，名字叫来喜，可是我们都管他叫老黄，这是老黄住的房子。

众学生　噢，这房子很不错嘛！

师　老黄，你来。（老黄从狗房里出来）我给你一块饼干吃。（狗吃饼干）现在你回去吧。（门已经关上了，狗走到门前进不去，老师走过去。）

　　老黄进不去了，因为门开不开，现在我把门开开，他就进得去了。（狗进去）

　　老黄，你出来。你上这儿来。你走到椅

28

子那ル去。你跑到桌子底下去。你跳出来。(狗喘气pant)

第四单元　第三课　老黄太累了

师　(cont.)你累了吗？你歇会ル，喝点ル水。(狗喝水)你站起来。坐下。站起来。那张凳子有点ル高，我不知道你爬得上去爬不上去？你试试看吧。(师走到凳子旁边ル)老黄，你爬上来。

现在让我坐在椅子上，你坐在我身上，好不好？你跳下去吧。

现在我要你先站在学生前头，再站在凳子跟椅子的中间ル。

怎么，你想坐在那把椅子上？那把椅子太小，你坐不下去。你躺在地上吧。或者你就趴着吧。

老黄，你歇够了吧？现在我要你先跑到桌子左边ㄦ，再跑到桌子右边ㄦ，然后你就在椅子前头坐着，再到椅子后头站着。

好！过来，跑过来。

（对学生）你们看，这会ㄦ老黄在我面前走来走去，让我没法子做事情。我就跟他说"老黄啊，别在这ㄦ走，到房子旁边ㄦ去走。"他就走到房子旁边ㄦ去了。现在他正在房子旁边ㄦ走呢。

第四单元　第四课　里头外头

师 (cont.) 老黄不喜欢待在房子里头，他喜欢在房子外头玩ㄦ。因为外头空气好，地方也大。外头又有草地，又有花ㄦ，又有树。老黄有时候儿喜欢吃花ㄦ，我

跟老黄说，"你又吃花ル了，我告诉你不许吃花ル嘛！你要是再吃花ル我就要打你啦！"他摇摇头，意思是说他以后不敢再吃了。

虽然老黄在外头玩ル得很高兴，可是时候ル已经不早了，他得走回房子里去了。他走到门口ル，刚要进去，我叫他："老黄，你看门上有什么?"

老黄　　せ，门上有张山水画ル。

师　你再看看门上头有什么?

黄　门上头有几个字。

师　有几个什么字?

黄　字太小了，我看不出来是什么字。

师　你走近一点ル就看得出是什么字来了。

黄　现在我看出来了。

师　好，你念念看。

黄　第八课：外头、里头、上头、底下、前头、后

头、左边ル、右边ル、中间ル、出来、进去、上来、下去、起来，Localizers and Directional Complements。

师　（对学生）你们都看清楚了吧？第八课所讲的，第八课所有的字，连老黄都懂了，难道你们还不懂吗？我猜你们肯定都懂了。我猜得不错吧？

众生　您猜得肯定错了，我们还不懂，因为老黄聪明我们笨。

第五单元　画鼻子

第一课　我真困

（星期一上午九点在教室外头）

学生A　（打呵欠yawn）我真困，我昨天晚上两点钟才上床。

学生B　你上哪儿去了？

A　我父母前天到纽约来了。他们是来看我妹妹的。我妹妹打电话告诉我，我昨天就到纽约去了。我哥哥、姐姐、弟弟也从波士顿、费城到纽约。我们一块儿玩儿了一天。

B　你们都玩儿了些什么地方？

A　这是我父母第一次到纽约，我们看了联合国、世界贸易中心，还有自由神

像。我们当然也上中国馆子去大吃了一顿。

B 那你们一定玩ル得很高兴咯。

A 高兴是高兴，可是很累。

B 我看你今天上课大概又要睡觉。

A 不会的。

（学生进教室坐下，老师进来开始讲课）

老师 今天讲第二十课。在没有讲课文以前，我先给你们讲一讲五四时代的中国社会。

第五单元　第二课　画鼻子

B （学生B对C小声说，指着A）你看，他又睡着了。

C 他总是一上课就睡觉。

（C把粉笔放在A鼻子前边ル，A的鼻

子碰在粉笔上，有一块白。）

D　我这ル有各种颜色的笔。

（给C几枝颜色笔，C用这些笔放在A鼻子前边ル）

师　我忘了戴表，现在几点了？

E　九点四十八分。快下课了。

师　现在时候ル到了，我们就讲到这ル。下次上课以前，你们除了预备课文作练习以外，一定得上语言实习室去听录音带。

B　咱们要不要把他叫醒？

C　这回咱们不叫他，看他睡到什么时候ル。（下一堂课的学生进教室。坐在后面的两个学生看见A，觉得很奇怪。）

学生F　这个人好奇怪，你认不认识他？

学生G　也可以说认得。

F　怎么叫"也可以说认得"？

G　因为我认得他，他不认得我。我们住在一个宿舍里，他在宿舍里很有名，晚上大家念书的时候ㄦ，他不是大声唱歌ㄦ，就是把电唱机开得很响，所以人人都讨厌他。

第五单元　第三课　打呼噜

F　他睡得真好，要不要把他叫醒？

G　不叫他，看老师怎么办。

（老师上讲台把书开开，这时Ａ忽然打呼。）

老师　什么人打呼？怎么还没有开始上课就打起呼来了。

F　是这位同学。

师　他鼻子是怎么回事？

G　不知道是怎么回事。鼻子上有红、黄、

蓝、白、黑、绿各种颜色。

师　把他叫醒。

G　嘿！醒了！醒了！

（A 睁开 open 眼，四面看，惊慌 startled，看看表，站起来。别的学生都忍住笑 stifle laughter）

A　这是什么课？

（学生大笑）

师　电子计算机，你好象不是这班的学生。

A　不是，不是，我是上一班中文课的学生。对不起，对不起。（往外走）

师　你最好先到厕所照照镜子，把脸洗一洗。

A　是，是。

（进厕所照镜）

A　哎呀！糟糕。一定是小李干的好事。

第五单元　第四课　小李干的好事

（A找到C）

A　（抓住catch C 的膀子往后扭 twisting arm）小李！你太可恶了。你怎么可以这样开玩笑，让我闹了个大笑话。

C　哎哟！哎哟！对不起，对不起。哎…哟！

A　你说，你怎么道歉吧？

C　我请你看电影，行不行？

A　好，这个周末，礼拜六下午。

C　好，好，好，好，可以，可以，可以，可以，（A放手lets go）

C　（揉 massage 着膀子同时笑着说）老张，你现在可以告诉我了吧，你是几点钟醒的？

A 我是十点五分醒的。

C 你是怎么醒的？

A 是坐在旁边ㄦ的一个学生把我叫醒的。

C 老师说什么？

A 老师说我好象不是那班的学生，别的学生都笑起来了。老师叫我到厕所去照照镜子，把脸洗一洗。也，现在我也要问问你，你是什么时候ㄦ给我画的脸？

C 大概九点一刻开始的。

A 是在那ㄦ开始画的？

C 在鼻子尖ㄦ上开始的。

A 怎么有那么多颜色？是怎么画的？

C 我把颜色笔放在你鼻子前头，是你自己碰的。

A 哪ㄦ来的颜色笔？

C 颜色笔是小丁的。

A 太可恶了，走，咱们去找小丁去。

C　对，看电影儿他也得出钱。

　　（同下 go off together）

第六单元 下一个是谁

第一课 预备上学

女　妈！我又找到一个人搭我的车去学校，现在连我自己一共有四个人了。我们决定后天动身。

母　你东西都预备好了吗？要用的东西都带了吧？

女　除了还要买两条洗澡毛巾以外，别的都预备好了。

母　你可以到大东街那家百货公司去买，他们那儿的东西又便宜又好。我给你看一样儿东西，你看这两双球鞋。

女　这两双球鞋完全一样嘛。

母　这双是那家百货公司买的，十二块七毛

五；那双是另一家买的，十五块九毛九。一样的东西价钱差这么多。世，那几个坐你车的人都会不会开车？

女　有一个不会，不过有三个人开车也足够了。有一个人也会开车，也会修车，有她在车上我就放心了。

母　他们都开过长途没有？

女　开一过。他们都比我大，只有我是新生，他们有两个是三年级，有一个明年就毕业了。

母　咱们那辆旧车几万哩了？

女　四万五千多哩，我刚把车送去修理过，没有问题。

第六单元　第二课　请妈妈帮忙

（第二天晚上，父、母、女在客厅里）

父　小珍，你这次能上这个大学，这儿所有的亲戚朋友都觉得很高兴。这个大学虽然贵，可是的确是个好学校，他们有几系全世界都有名。希望你好好儿地过四年大学生活。一方面要用功读书，一方面也要知道怎么玩儿，尤其要紧的是学怎么作人。

母　我觉得你有些不好的习惯应该改掉，比方说你总是一边儿看书，一边儿吃糖。

女　我已经比以前吃得少得多了。

母　还有你每天睡得太晚，总是半夜两三点才上床，第二天累得眼睛都睁不开，哪儿还有精神上课。

女　知道了，我都知道了。妈，我有件事要请您帮忙。

母　什么事？

女　我那几盆花儿还有金鱼都不能带去，得

请您管管。

母　你知道我最不会管花ル，我尤其讨厌养鱼。

女　我当然知道，可是我没法子带去，只好麻烦您了。

母　好，我试试看吧。小珍啊，这是你第一次离开家，我真有点ル不放心。你到了学校要常常来电话噢。

女　爸、妈，您放心吧！我一定会常打电话回家的。

第六单元　第三课　同屋ル

（第一次电话）

母　喂，喂，您哪ル？您哪一位？您找谁？噢，你是小珍啊。电话声音坏极了，我都没听出是你来。你挂上再重打一个。

（铃又响）

母　喂。

女　妈，我们到了，我已经搬进宿舍了。

母　你们一路都好吧？宿舍房间怎么样？

女　一路都很顺利。刚出来的时候ル天气不大好，下雨，后来就晴了。我们开了六个钟头ル就到了。这ル宿舍很好，房间很大，我们两个人一间。

母　那你有个同屋ル了，她来了没有？

女　她还没搬进来，不过我们已经见过面了。她是从加州来的，人很好，我们很谈得来。

（第二次电话）

母　小珍，你怎么样了？你怎么三个星期都没消息啊？

女　我功课忙得要命，而且我晚上睡不好。

母　你又是睡得很晚，是不是？

女　不是，我睡不好是因为我同屋ル的缘
　　故。

母　怎么？你跟你同屋ル吵架了？你上次
　　不是说她非常好吗？

女　我们没吵架。她这个人白天很好，到晚
　　上就不对了。她睡觉的时候不是打呼
　　，就是说梦话，有时候还咬牙，咬得
　　难听极了，所以闹得我简直没法子睡。

母　那你不是每天晚上都睡不着了吗？

女　虽然不至于天天睡不着，但是也差不
　　多这么样ル了。

母　那你应该搬到别的屋子去。

女　可是我又不愿意离开她。要是我搬出
　　去，她一定很难受。她真是个好人，她
　　心好，性情好，又爱干净。也许我再多
　　听几天她打呼就习惯了。

母　有一个不好的消息要告诉你，就是你

的菊花死了。

女　（黯然 sedly）哦。

（第三次电话）

女　妈！我的手摔伤了。

母　怎么回事？摔得利害不利害？

女　没事儿，您别紧张。昨天下午我的汽车被我同屋儿给开出去了，我就走路到街上去买点儿东西。路上有冰，我一个不小心就摔了。摔得很轻，过几天就好了。

母　你的玫瑰花儿死了。

女　哦。

第六单元　第四课　我真担心

（第四次电话）

女　妈，有个好消息告诉您，今天下午我

最后一次看医生，他说我的手已经完全
好了。

母　好极了，以后一定得小心，别再摔啦。

女　下个月这ル有个中国晚会，同学们要
唱中国歌ル，作中国菜，写中国字，
画中国画ル。他们叫我教他们，我只好
请您帮忙。

母　你要我怎么帮呢？你难道要我到你学
校去吗？

女　不是，我想请爸爸、妈妈还有您的朋
友王伯伯、李伯伯、张叔叔、丁叔叔、
陈阿姨都帮给我录一卷录影带，把唱
歌ル、作菜、写字、画画ル都录上去。不
知道他们肯不肯？

母　(sarcastically)你倒真想得出好办法来。我
去给你问问他们吧。

女　您跟爸爸常唱的那个歌ル"我们是小孩

48

ル"很好听，您可不可以给我们录那个歌ル？

母　哪儿有这么个歌ル啊？我从来也不知道有这么个歌ル。

女　还有什么风啊，鸟ル啊什么的。

母　噢，你是说"记得当时年纪小"。

女　对了，对了，就是那个。还要请您跟王伯伯、陈阿姨他们几个人合唱一个歌ル，好不好？希望您下个星期就寄给我，因为我们得早点ル开始练习。

母　好吧，我们试试看吧，你可真麻烦。

（第五次电话）

母　喂、小珍，你的金鱼死了。……咦？小珍，小珍，你怎么了？你怎么没声音了？

女　（声音微弱feeble）妈，菊花死了，玫瑰也死了，现在金鱼也完了，我真担心。

母　你担心什么？

49

女　我不知道爸爸怎么样了。

母　胡说！你爸爸又不是花儿又不是鱼儿，
　　你别让我生气了，我不跟你说了。再
　　见。

第七单元　看法不同

第一课　有了男朋友了

（一对中年夫妇 middle aged couple 坐在客厅里。男的看电视，女的打毛线 knit。电话铃 bell 响，女的去接。）

母　喂。

女　妈，我考完了，考得累死了。

母　你一定是没睡觉，你得好好儿的休息休息。你什么时候儿回来？

女　我后天回家。妈……

母　什么事？你怎么不说话了？

女　我要跟一个朋友一块儿回来，想请他在家里住几天，好不好？

母　好啊，没问题。我在你屋里再放一张

床，你们住在一个屋子里说话方便一点儿。

女　妈，是个男朋友，让他睡在(or 到 de) 客厅里的沙发上吧。

母　哦，你有了男朋友了，太好了！你怎么不早点儿告诉我们呢？我跟你爸爸前天还在那儿着急呢，说你大学都快毕业了，还没有男朋友。你们已经很好了吗？

女　嗯，我们已经谈到结婚了。妈，白天打长途电话很贵，现在不跟您多谈，等见了面再说吧。

母　好。(两人同时挂电话)

第七单元　第二课　他们回来了

母　(对父)你听见没有？是小珍来的电话？

父　（看电视）嗯

母　你已经看了两个钟头的电视了，我跟你说什你都听不见，不许看了。（把电视关掉 turn off）小珍来电话说她有了男朋友了。

父　真的？

母　她说她考完了，后天跟她男朋友一块ル回来，要请他在家里住几天。他们已经很好了，都谈到结婚了。

父　这么重要的事，她为什么不早跟我们谈谈？

母　她的性情就是这么特别，你也不是不知道。

父　她现在有了男朋友了，你高兴了吧？

母　我当然高兴了，难道你不高兴吗？
　　（过两天，门铃 doorbell 响，父开门见小珍及男友，父吃惊 dismayed）

女　爸，我给您介绍，这是我朋友李文新。

李　王老伯。

父　（叫母）梅英，小珍回来了。（母从里面
　　出来）

女　妈，您好。这是我朋友李文新。

李　王伯母。

母　你们吃了午饭没有？肚子一定饿了吧？

女　我们在飞机上吃过了。

第七单元　第三课　李文新

（父跟李在客厅沙发上坐下）

父　你们今天是几点钟离开宿舍的？

　　（说三遍，第一遍平常normal声音，第二
　　遍声音提高raise一点ㄦ，第三遍大声。）

李　我们是上午九点离开宿舍的。

父　（大声）你们是怎么来的？是坐火车来

的，还是坐飞机来的？

李　我们是坐飞机来的。

父　你们是在哪个飞机场上的飞机？是南机场还是北机场啊？

李　我们是在北机场上的飞机。

父　（自语talking to himself）跟他说话可真累。

（在客厅另一边或在另一间屋子里）

母　（小声）我知道你常说人好看不好看没有关系，最要紧的是性情好。可是人的样子也不应该太特别，是不是？你看看你这位朋友，头发半灰半黄，耳朵一高一低，眉毛一长一短，眼睛一大一小，鼻子特别大，嘴的样子也很奇怪。

女　妈，您不必这么小声说话，李文新耳朵不好，他是不会听见的。

母　什么？说话听不见，那你怎么跟他谈话呢？

女　真的好朋友是并不一定要谈话的。

母　（生气 annoyed）对了，你说得真对，他真是你的好朋友。我没什么可说的了，你去陪你的好朋友去吧。（下 goes out）

第八单元　为什么学中文

第一课　爱人跟太太

（甲中国人　乙、丙美国人）

甲　我一直想问你们两位一个问题，可是老没有机会，今天正好你们两位都在这儿，我就来问问你们吧。我的问题就是你们当初为什么要学中文？老王，请你先说吧。

乙　我的回答很简单，因为我wife是中国人，所以我要学中文。

甲　Wife？这个字你为什么要用英文说？

乙　现在有的中国人管wife叫太太，有的叫爱人。去年我在北京、上海、南京、西安、广州人人都管wife叫爱人，可是香港、台

湾还有美国的中国人都管 wife 叫太太。我也不知道该怎么叫好，所以现在我看到懂英文的中国人我就说 wife。

甲　你这个法子很不错。

乙　用 wife 这个字来说自己的 wife 是没有问题了，可是要称呼别人的 wife 还是有问题。比方说张先生给我介绍他 wife，要是他管 wife 叫"太太"，我可以称呼她张太太，但是如果他管 wife 叫"爱人"呢，我就不知道该怎么叫了。因为我不能称呼她"张爱人"，也不能叫她"张 wife"。

甲　你可以叫她名字或者叫她小李、小王什么的。

乙　要是我跟她很熟，当然可以这么叫，可是我跟她第一次见面，怎么能叫她名字或者叫她小王、小李呢？

第八单元 第二课 逼女儿学中文

甲 せ，这倒的确是个问题，只好先不称
呼她，等熟一点ル再叫她名字吧。现
在回到我刚才问你的问题，你说你wife
是中国人，所以你要学中文，难道你
wife不会说英文吗？我记得她是在美国
上的大学、你们是同学，她当然会说英
文喽。

乙 我wife是会说英文，可是我女儿不肯说
中文。

甲：这跟你学中文又有什么关系呢？你越
说我越糊涂了。

乙 我wife总逼我女儿学中文,她对女儿说：
"你妈妈是中国人，你就应该会说中国
话，会看中文书。" 她每个星期六把女

儿送到中文学校去学中文，女儿很不
愿意去。

甲　为什么？

乙　女儿觉得她从星期一到星期五已经上
　　了五天学了，周末本来可以好好ㄦ玩
　　ㄦ玩ㄦ，现在礼拜六又要早起、作功
　　课、上学，她觉得很不公平。她也觉得
　　她是被妈妈逼着去学中文的。

甲　既然她不愿意学，也就不用逼她了。

乙　我也是这么想，可是她妈妈不肯。

甲　那你女儿说什么呢？

第八单元　第三课　为什么学中文

乙　她常说"I hate Chinese"我 wife 很生气。她越
　　逼女儿、女儿就越不肯学中文，母女的
　　关系很紧张。后来我想要是我学会了中

60

文，我跟我wife在家里说中文，那女儿也就会说了。就这么样，我就开始学中文。我一开始学，就对中文非常有兴趣，所以就一直学到现在。

甲　你学了几年中文了？

乙　我在暑期学校里学了三年，然后我在台北住了一年，在北京住了一年，回来以后继续学。现在已经学了六年了。

甲　那么你呢？老丁啊，你学了几年中文了？

丙　我也学了六年了。我在大学的时候喜欢比较文学。有一次我念了一门ㄦ中国文学课，读了几首英文翻译的李白的诗，我觉得在我所读过的诗里再没有比李白的诗更好的了。那真是世界上最好的诗……

甲　对不起，我打个岔，你记不记得是哪几

首？你能不能说一、两句？

丙　（搔首 scratching head）这个，这个……嘶 (ss)
　　这个我一时倒想不起来了。（改变话题
　　changing the subject）我不但喜欢中国文学，
　　我对国际政治跟亚洲历史也有兴趣。同
　　时我看中美关系一天比一天好，所以
　　我就决定学中文。

甲　刚才我问老王他为什么学中文，他的
　　回答很简单，可是我问你，你就说出这
　　么一篇大道理来。

乙　老丁就是这样儿。不管你问他什么问
　　题，无论是大问题，小问题，他都给你
　　说出一篇大道理，因为他最会吹牛。我
　　跟老丁是多年的老朋友，所以我很知
　　道他，对不对？老丁。

丙　别胡说。

62

第八单元　第四课　好诗

乙　刚才老丁说李白的诗好得不得了，可是他连一句也想不起来。这让我想起一个故事来，这个故事是我在中国的时候别人告诉我的。你们都知道中国诗很多是四句，每句七个字。有一回一个人跟他的朋友说："我今天念了一首诗，这首诗写得真美，我从来没念过这么好的诗。"朋友问"这首诗是讲什么的?"他说"是描写春天的。"朋友说"既然这首诗这么好，你能不能背给我听听呢?"他说"嘶···这个···这个······头两句我忘了，第三句我也记不大清楚，第四句好像是什么什么什么春。"

（甲、丙同时大笑：哈！哈！哈！哈！）

甲　这个故事很有意思。

丙　你的意思是说，我跟故事里那个人差不多，是不是？其实你完全不对。

乙　怎么呢？

丙　那个人还说出一个"春"字来，我连一个字都说不出来，所以他比我好多了。

乙　(sarcastically)哪里，哪里，您太客气了。

甲　现在我要上班了，下次再谈吧。再见，再见。

CHINESE PRIMER

Character Text

TEXT IN REGULAR CHARACTERS

中文入門

前言及繁体字课文

前　言

　　我們編寫這本教科書，是以趙元任先生的《國語入門》①作為範本的。趙先生是語言學大師，同時他對母語為英語的
人學習中文所遭遇的困難，有深刻的瞭解。他這本為美國學生寫的初級中文課本，特別注重發音訓練，課文生動有趣，對
話自然，而在語音說明、語法介紹、和語彙註釋方面尤其顯示作者深邃的學識，慎密的思考組織能力，豐富的人情味與幽
默感，和對中英兩種語言的精通。總的說來，《國語入門》聽、說、讀、寫並重，從各方面便利學生學習與吸收，能讓學
生掌握活的語言，在同類書中允稱經典之作。

　　《國語入門》雖有種種優點，但因出版年代太久，許多過去採用的學校都已換用其他課本，因此勢須出一本新書。我
們就是基於這種需要，決定遵循《國語入門》的原則，編寫這本《中文入門》。我們的功力遜趙先生遠甚，但我們仍希望
能多少繼承一些《國語入門》的精神，不讓這本教科書的許多長處，隨着書的絕版而成絕學。

　　《中文入門》共分四冊。第一冊（藍本）包括發音篇，羅馬字課文和課文英譯。課文共分八個單元三十二課。第二冊
（紅本）包括各課的詞彙、語法和練習。我們把課文和各課的詞彙、語法分訂兩冊，學生用時可對照着看，免去前後翻閱
之苦。第三冊（黃本）是漢字學習手冊。第四冊（綠本）是課文漢字本。此外我們還要出一本教師手冊。有幾位中學老師
已經編寫了一本專給中學生用的輔助練習冊，試用一段時間後，會正式出版。

　　《中文入門》是給美國大學和中學的初級中文課程用的。大學的一年級中文課，通常是每週五堂或六堂課，每堂五十
分鐘。照這樣的上課時數，再加上學生每週用兩三小時聽錄音帶，大學課程在一學年內可以教完《中文入門》的發音和
第一到第六這六個單元（二十六課）。我們所以編寫了八個單元，是因為有的大學有密集課程（intensive course），每
週上課十小時，需要較多教材。第七第八單元雖然介紹了相當數量的實用詞彙，但只包括少數的新語法和句型，因為重要
的語法都在前六個單元裏介紹了。這兩個單元可以作大學二年級中文課開始時的教材，也可以作學生自修用的材料。中學
的中文課，通常是每週四堂或五堂，每堂四十五分鐘。因為美國各地中學情形頗不一致，很難定一個標準的進度。在這本
書的三年試用期間，有的中學一學年教三個單元，有的教兩個單元。所以各中學的進度，應由老師視學生需要來決定。我
們希望在中學裏學完這本課本前六個單元的學生，進大學後可以順利地通過分班考試，入二年級中文課，而不必再從頭念
起。

一

在美國大學中學裡讀中文的學生，和在北京、台北、香港各地的語文中心學中文的美國學生，有些基本的不同。前者

是初學，後者已在美國學過兩年或兩年以上的中文。對前者中文只是一門課，除中文外他們還要念三門或四門其他的課。

而後者是以全部時間念中文。去北京、台北的學生，目的就是學中文。他們志趣已定，不需要再「引起動機」，而美國的

大、中學生則隨時都要教科書和老師來引起他們的興趣。

根據我們對《國語入門》的體會，和自己的教學經驗，我們認為一本美國大學、中學用的初級中文課本應該具備一些

條件。現在我們就列舉這些條件，並說明我們的期望和這本《中文入門》的特色；也順便提供一些有關的經驗談，對初到

美國教中文的中國老師，或許有些參考價值。

一、課本設計

課本的設計應該讓學生在打好語音基礎後，很快地能開口說話，並且說的是自然的，順暢的，能表達相當完整思想的

中國話。

趙元任先生在《國語入門》的序上說，他的法子是「難而快」。所謂難就是學生學頭幾課時需要很大的努力，而把頭

幾課學好了，以後就可以進行得很快，在一年密集課程後即可充分掌握口語。《國語入門》的頭幾課確是材料豐富，透過

一些生動有趣的對話，介紹很多基本語法和常用的句型。學生學了幾課就會說很多話。這個法子正好和一般「容易而慢」

的法子相反。很多初級課本認為對初學的美國學生，只能介紹簡單的語法、詞彙，同時分量要輕，所以學生學了很多課以

後，還只能說簡單而不聯貫的句子。像「因為…所以…」、「雖然…但是…」、「一…就…」、「好是好，可是…」、「

既然…就…」這一類的句型，一般初級課本或根本不介紹，或是到很晚才教，而《國語入門》在頭幾課把這些都介紹了。

學生掌握了這些中國人說話常用的句型，他們一方面可以說像中國話的中文，一方面也可以表達較有邏輯性的思想。學生

因為能說很多話，他們的學習興趣與效果，都因而提高。

我們覺得趙先生的這個法子是高明而有效的，因為在大中學裏學中文的學生都不是幼童，（即使在中學，也都是十幾

歲的少年。）因此他們有能力學比較複雜一些的語法句型。他們在初學時也可以負擔較大的分量，尤其是用羅馬字學

口語，難一點多一點都不是問題，而學生能開口說話了，越說就記得越快越牢，分量增加也可以吸收，而越到後來就越容

易。不過這裡所說的難易，並不是指內容，而是指學習的潛力是否發揮，學習的結果是否見效。因為《國語入門》並沒有

難易倒置，仍是先介紹簡單基本的，然後循序漸進。只是趙先生對材料的編排順序和學生的學習能力有精密的判斷與估計

，所以他能想出這個「難而快」的法子，在開始時把該介紹的，按照學生所能吸收的量，盡量介紹，讓學生的學習潛力，

盡量發揮。這樣建立起來的基礎，自然相當穩固有效。從這個基礎再繼續進行，自然也就比較順利。所以他所說的「難」

，實在是似難實易。

根據教《國語入門》的經驗，我們知道「難而快」的法子不但可行，而且效果很好，所以這本《中文入門》基本上

也採用這個法子。不過我們知道用這本課本的多半不是密集課程，同時為了教學便利，我們把《國語入門》的法子簡化了

一些。所以《中文入門》的課文比較短，每課的分量比較輕，也增加一些《國語入門》沒有的輔助材料。例如《國語入門

》沒有生字表，因為趙先生認為：「學詞彙的時候兒，你得在句子裏頭學詞的用法，記的時候兒啊，要是光記一個詞等於

你本國語一個意義，那樣子一定學得不對，你得記短語，記句，這樣子意義才靠得住。」②我們為了老師學生翻檢方便，

添了每課的生字表，但我們希望老師教時仍須以課文整體及每句全句為重，讓學生着眼全課，並能記誦所有的對話。切不

可一個個地念生字，一個個地練句型，而視課文為次要。如果那樣教就和我們的課本設計背道而馳了。

雖然我們已把課文的長度縮短，把分量減輕，但用慣了「容易而慢」的方法的老師，乍看之下還是覺得太難太多，無

從措手。往往要等教了一段時候以後，發現學生並不覺得難，他們能開口說話，到那時才能接受這本

教科書。用新課本本來就是件麻煩事；舊課本已經教熟了，並已編寫了很多補充教材和考題，現在都放棄了一切要從頭來

；而新課本的設計又與過去習見的不一樣，就更容易引起反感。所以我們在這裡略作解釋，希望能幫助換用這本課本的老

師，澄清一些疑慮。

還有的老師比較習慣教分類會話，例如郵局、銀行、醫院、公共汽車、百貨公司、旅館等，他們可能會覺得這本課本

的內容太不實用。我們也是照《國語入門》的辦法，通過生動有趣的課文來培養學生的語文能力。我們覺得如果一個學生

掌握了語音、基本語法、常用句型和相當數量的日用詞彙，他就可以活用。到了郵局、銀行雖然缺少像郵票、支票

、存款、兌換率等專門詞彙，他還是有法子讓銀行、郵局的工作人員懂他的意思。我想我們都同意培養語言能力比學幾個

專門詞彙重要得多。分類會話對去中國旅遊、工作的人有用，對美國的大中學生却不一定合適。飯館兒服務員和顧客間的

對話，公共汽車售票員與乘客的對話，一般都是刻板乏味的。（除非售票員與乘客先對罵繼之以動手，但初級課本是不介

三

紹這些的。）我們認爲靠這類對話來培養學生的語言能力，不如用生動有趣的課文有效。

討論了總體設計，我們再來看看課本的各部門。

二、語音

課本首章應爲一解說詳盡練習豐富的發音篇。爲了讓學生學好發音，課本應採用一套最有效的拼音系統。

「一失音成千古恨，再回口已百年身」：外國人學中文，掌握發音是最基本最重要的工作。中文是有聲調的語言，外國學生如果不能正確地掌握四聲，便永遠聽不眞，說不準，同時對學習語法和以後閱讀寫作都有極嚴重的壞影響。掌握發音最要緊的是在開始學時老師嚴格，務求打好基礎，一點不能放鬆。如果開始時沒有學對，以後就很難改過來。所以我們常見有些西洋人，學了多年中文，也在中國住過很長一段時期，說得相當流利，但發音不好，常把字說錯，讓人誤解。他自己也知道發音差，想改，但一切已成習慣再也改不過來了。我們也曾親耳聽到有人表示遺憾，說如果當年初學時老師嚴格一點，他就不會這樣不行。因爲這種例子屢見不鮮，我們就把一句常見的成語「一失足成千古恨，再回首已百年身」改成兩個字，便成爲「一失音成千古恨，再回口已百年身」。用這兩句警語，或可喚起給學生啓蒙的老師的注意。讓他們**警覺**學生的中文前途，就掌握在他們手裏。在學習發音階段，師生都要把時間精力花上去，學生要認眞聽、練。老師要講解清楚，嚴格督促，耐心地反覆糾正，千萬大意不得。

仿照《國語入門》的辦法，我們開宗明義第一章就指明發音的重要，並嚴重警告學生，如果在發音階段不認眞學習，以後就一輩子學不好中文了。在課程開始時我們用三個星期在發音篇上。發音篇在《國語入門》裡叫 Foundation Work，就是基本功。我們的英文本也沿用這個篇名。趙元任先生認爲基本功夫重要，對以後的學習有全面的影響，因此在課程開始時應該花一百小時練基本功（或者說是打底子）③。他指的大約是全天學中文的密集課程。在大學的普通課程裡會自然不可能花那麼多時間，我們只能用三個星期作爲語音階段。在這個階段學生把全部時間花在學習發音上。我們別的不教，只訓練學生掌握聲調、聲母、韻母，並要他們學會拼音系統。學生因爲看了書上的警告，並聽到老師在課堂上反覆申說，深知發音是學中文的終身大事，所以雖然語音階段比較單調辛苦，他們並不抱怨。經過三星期的苦練，他們可以有一個較好的基礎，以後學課文就方便多了。當然，發音訓練並不止於三個星期，學課文後仍須不斷注意。但有個好基礎，以後的

維護工作就比較簡單。

有的老師沒有認清發音階段的重要，為了怕學生覺得單調，便很快地把發音教完，就開始講課文，開始簡單的會話。殊不知這樣固然比練習發音能引起學生興趣，但後患無窮、遺恨終身。可能就是因為對發音階段的普遍不重視，造成了目前常見的現象：學中文的外國學生總數不少，但說的字正腔圓不帶洋味的卻屈指可數。

我們希望用這本教科書的師生，務必在開始時加強語音訓練，按部就班把發音篇徹底掌握好。除課堂講解外再加上個別或小組輔導，並盡量利用錄音錄影（象）設備，這樣可給學生打好基礎，使他們終身無憾。

國語羅馬字：這本書用的拼音系統，和《國語入門》一樣，是「國語羅馬字」（以後簡稱國羅。英文叫 G. R.，是 Gwoyeu Romatzyh 的縮寫）。國羅是一九二六年公布的。這套拼音系統的制定，趙元任固然是主力，但錢玄同、黎錦熙、林語堂、劉復、汪怡、周辨明也都有重要貢獻。從一九二五年九月到一九二六年九月，整整一年時間裡，這幾位當時中國最傑出的語言學、聲韻學專家，在北京開了二十二次會；每一條規則都反覆商榷，要全體同意才通過④。集合數位大師的智慧，經過這樣細心研討而制定的一套拼音系統，其精密自不待言。另一位語言學大師羅常培先生曾說過：「若以美觀、便用、合理三點衡論中西各式之得失，則國語羅馬字迥非其他所能及矣。」⑤

中文的每一個音節，都有聲母韻母聲調三部分。一般的拼音系統對聲調的處理都是把聲母韻母拼出來，再加上調號或數字。例如湯、糖、躺、燙四字都拼成 tang。然後加一、／、＼或 1234。國羅的特色就是不用調號或數字，而是把不同聲調的字用不同的拼法拼出來。例如湯：tang，糖：tarng，躺：taang，燙：tang。加調號或數字的辦法，事實上是先用聲母韻母拼音，然後再想這個字是第幾聲，然後再加上調號。而國羅是把聲母韻母聲調三因素結合為一，拼的時候同時拼出，並不是先拼音再想聲調加調號。國羅因為不加調號或數字，書寫較快，打字印刷或用在電子計算機上都較方便。這裡我們不打算討論整個國羅的優劣，以及與其他拼音系統的比較，我們只要指出國羅與這本初級課本的主要關係，那就是：

國羅對美國學生掌握發音有很大的幫助：由不同聲調來區別字義、這是中文的特點。西方語文沒有這樣的聲調。因此西方學生學中文，掌握四聲是他們必須作也是他們覺得最困難的。國羅對他們所以有幫助，就是因為國羅的辦法與西方語言的原則相合。西方語文中拼法不同的字，讀法不同，意義也不同。美國學生看到國羅的不同拼法，自然就發不同的音，想到不同的字義。對他們說來，這比看到相同的拼法，再用調號來區別音義要便利得多。例如「又有油，又有鹽」這一句

，用別的拼音方式是 yǒu yǒu yǎn，you yǒu yǎn，雖然調號不同，但看起來差不多，用國羅拼是 yow yeou you，yow yeou yan，區別就顯著多了。既然我們教學的對象是美國學生，而用國羅可以幫助他們克服發音的困難，我們覺得應該採用國羅作為初學時的拼音系統。

國羅並不難學：國羅用不同拼法拼不同聲調、拼寫規則自然比別的系統要複雜，但這對美國學生的母語是拼音文字，因此多記一些拼寫規則，對他們並不困難。學國羅比學別的系統要多花些時間，但為長遠的利益着想，在開始時多花一個星期的時間，是絕對值得的。而且多花一點時間講拼寫規則，就等於多給學生機會練習聲調。用別的系統，只告訴學生第一聲在元音上加ˉ，二聲加／，三聲加ˇ，四聲加＼，講完這句話就沒有什麼可講的了，接着便是單純地一個一個音節地練，學生比較容易感到單調。但用國羅需要講解拼音規則並舉例說明，例如第二聲加 r，cha（插）變 char（茶），第三聲元音重複，ba（八）變 baa（把），第四聲 i 改 y，tai（胎）變 tay（太）等等。在講解某一聲調的拼寫規則時，自然就反覆練那個聲調，練習時間可以加長，同時規則不同較有變化，可以保持學生的注意力，這對學生打好語音基礎，是有幫助的。根據我們的經驗，美國學生學國羅，很快就學會，從來沒有人嫌難。

在美國的中文教學界裡覺得國羅難學的，據我們所知有兩種人。一種是已學會了別的系統的美國老師，現在要他們換用國羅，他們覺得很困難。這主要是從一個比較簡單的換成一個比較複雜的系統，在心理上起了反感。所以所謂難學其實是心理的，並不是實際的。如果他們確信國羅是個好系統，是個對學生有益的系統，那他們只要花一點時間就可把國羅學會。多用幾次即可完全掌握，不會和以前學的拼音系統混淆。

第二種覺得國羅難學的人是中國老師。中國人習慣用漢字，對羅馬拼音本來就不大熱心，現在看到比較複雜的國羅，更是裹足不前。其實這障礙還是心理的。中國老師聽說國羅很麻煩，又看到國羅有很多條拼寫規則，於是產生了畏難抗拒心理。有的連試都不願去試。有的淺嘗輒止，並沒有有系統地學。如果真的下決心按部就班地學，他就會發現國羅並不如想像的難。把規則記熟，多作一些聽寫練習和筆譯練習（把一段中文用國羅寫出來），不久即可熟練。抗戰前（一九三〇年代）有人在山東平原二十里舖做過試驗，一個不識字的人從 a b c d 學起，用七十五小時就可把國羅學會。如果文盲都學得會國羅，中文老師自然不應該覺得太難。主要的問題還是願不願意學⑥。總之，既然教的是美國學生，就應該以學生的學習效果為主。「天下無難事，只怕有心人」，為了讓學生把中文學好，老師應該「有心」一下，何況此事並不如想像中難。

國羅與漢語拼音或其他拼音系統並不抵觸：有的學校不願採用國羅是因為他們認為漢語拼音是中華人民共和國政府規

定全國採用的。學生如學國羅而不學漢語拼音，將來去中國大陸求學工作均不便。其實這種顧慮完全不必要。學生在初學

時用國羅，到一年級後半，我們就介紹漢語拼音和威安瑪音標⑦。國羅比別的拼音系統複雜，會了複雜的再學簡單的就容

易得多。現在學生已熟習國羅，又學了將近一年的中文，這時再學其他的拼音系統，是輕而易舉的事。學生用國羅打好發

音基礎，再學會漢語拼音，他到中國大陸去，在這方面是不會有任何問題的。事實上他日後如有學習或工作上的需要，要

學耶魯式拼音或注音字母，也都毫無困難。中文課到中級以後，課文都用漢字。羅馬拼音系統只是為學生自己記音和看詞

彙表的注音用。學生如熟習國羅和漢語拼音，自可左右逢源。

反對國羅的意見：我們雖然主張用國羅，但我們也知道有不少學校不贊成國羅。對他們的反對意見，我們當然是尊重

的。現在我們把反對意見和我們的回答略述如下。反對的意見歸納起來有兩點：(1)國羅如真是最有利於學習中文發音的系

統，為什麼自創立以來，無論在國內或國外都沒有被廣泛接受？(2)國羅比別的拼音系統好這個論點，並沒有經過科學的證

實。造成學生發音好壞的條件很多：學生的資質，老師的水平，教法，學校的設備等等對日後學生的發音都有一定的影響

。而某一個拼音系統所佔的重要性究竟有多少？用各種系統教出來的學生都有發音好的，也都有發音壞的。

關於這兩點我們簡單地談一談我們的想法和經驗。先說「廣泛接受」。國羅在國內的確是毫無地位的。中國人習慣用

漢字，對任何羅馬拼音系統都不會廣泛接受。國羅比別的系統複雜，自然更不受歡迎。創立後政府雖然公布施行，但並沒

有大力提倡，也沒有認真推行，所以很快就被遺忘了。現在無論在中國大陸或台灣，很少有人知道國羅是怎麼回事的。要

讓國內人民普遍接受一種羅馬拼音系統，恐怕只有靠政府的力量來推行。當然，如果政府繼續執行，嚴格規定幼稚園、小學一律教拼音，過若干年後就會普遍了。不過國內是

否普遍使用某種羅馬拼音系統，和我們現在要討論的題目不相干，因為我們的目標是改進美國學生的初級中文教學。我

們要考慮的是那種拼音系統對美國學生掌握聲調更有幫助。

這裡也順便補充一點說明。有的學校不願用國羅，是基於政治的考慮。他們覺得漢語拼音是中國政府規定使用的，如

不用漢語拼音而用別的系統，好像是違背國策。持這種態度的似乎沒有把問題分辨清楚。中國的國策是為中國人民訂的，

不是為美國學生訂的。漢語拼音也是為中國人訂的，不是為西方人設計的。中國人的辨別聲調能力，雖非與生俱來

，也是一出生即開始訓練了，所以掌握四聲對中國人完全不是問題。因此在設計一套為國人用的羅馬拼音方案時，也不必

要在辨別聲調上特別注意。漢語拼音方案上雖然說明，這套拼音系統也可爲外國人學中文用，但並沒有說外國人只能用這一種拼音方法，不能用別的。我們已經說過：學生可先由國羅入手，把發音練好，以後再學會漢語拼音，兩者並無抵觸。

我們相信如果中國政府知道有這樣的辦法，也不會反對。因此任何基於政治顧慮而不願用國羅，是沒有充分理由的。

國羅在國外是否被「廣泛」接受呢？的確也沒有。不過自一九四〇年代開始，也有好幾個學校用國羅。第二次大戰期間趙元任先生在哈佛大學主持美國陸軍語言訓練班，是用《國語入門》作教材的，以後用國羅的有英國倫敦大學，美國的哈佛大學，加州大學（柏克萊），明尼蘇達大學，普林斯敦大學，和明德大學（Middlebury College）中文暑校，還有澳洲的雪梨大學。一九八五年《中文入門》的試用本出版後，又有二十幾個學校開始用國羅。到現在少說也有三千個學生是受過國羅訓練的。我們可以把學生的反應報告一下：(1)前面已經說過，一開始就學國羅的學生，沒有一個覺得國羅難學。(2)學過國羅的學生都喜歡國羅，以後他們學會別的拼音系統，兩相比較，他們認爲國羅更有效。(3)有少數先學會別的系統的學生，改學國羅，起初抱怨抗拒，後來把國羅練熟了，他們覺得國羅比以前學的系統好。(4)有的學生後來到中國上大學或研究所，他們認爲國羅對上課記筆記大有幫助。教授用中文講課，美國學生自然來不及用漢字記筆記，他們就用國羅記，有疑難不懂的地方，就念給中國同學聽，請他們解釋。中國學生見美國學生用國羅把教授的話都記下來，頗爲驚訝：等聽到美國學生把教授的方言口音也念出來，更覺不可思議。這幾個美國學生表示，如不用國羅而用別的系統，是不容易記筆記的，因爲一邊記一邊標調號一定來不及。如不標調號，下課後要念給別人聽是不可能的。(5)從前的學生對國羅的前途表示關切。他們見採用《國語入門》的學校越來越少，認爲如國羅因此就不能繼續存在，甚爲可惜，所以聽說我們要編寫新課本，就一再建議必須用國羅。

關於第二個反對意見，就是所謂的國羅的優點並未經科學證實這一點，我們也承認。因爲事實上並沒有人用兩組學生來實驗過：一組學國羅，一組學別的系統，經過相當時間後比較結果。這種實驗本來也不容易作，因爲牽涉到教材、學生資質、教師、設備等種種因素。我們只可以這樣說：設計國羅的是幾位大家，能讓他們聚在一處議定拼音規則，這種機會雖不敢說空前絕後，也是非常難能的。他們所訂的規則都是深合音理的；正如羅常培所說，就美觀、便用、合理而論，國羅遠較其他中西式爲優。很多美國學生也的確覺得這些規則能幫助他們掌握聲調和記憶詞彙。因此對國羅我們實不能等閒視之。而且前賢爲我們設計了這樣好的系統，我們竟棄置不用也實在可惜。一般說來，不贊成國羅的人，也都同意用不同

拼法來區別音調這一原則是有它的長處的。他們認為國羅最大的罪狀，還在一個「難」字。論到難易，必須指出一點，就是難的不一定是壞的，而容易的也不一定是好的。（剛才說的，學習拼寫規則可增強發音練習，也是一種証明，証明複雜也有它的好處。）還有一點要認清的，就是「複雜與簡單，難易與易學」，都是比較的說法，那絕不是說俄文難到他學不會。或是說俄文太難，把比較難學的美國學校的外語課程中剔除。[8]例如一個美國學生說：「俄文比法文難」，不能「把比較複雜認為太複雜，把比較難認為太難學」。關於國羅是否太難，前面已說過，這裡不再贅述。總之，我們希望中文教學界的同仁要多瞭解一下國羅的內容，要想一想國羅是否比別的系統對美國學生更有用，要看一看用過國羅的美國學生的反應，不要只因一個「難」字就不經意地把國羅一筆抹殺。

不作無謂的爭執，「公婆都有理」——國羅本與漢語拼音本：我們已把對國羅的看法，作進一步的說明，但我們認為贊成國羅的同仁和贊成用別的系統的同仁，絕不可因看法不同而作無謂的爭執。過去曾見同仁在會議上為不同的教科書和不同的拼音系統爭辯，雙方都是一上來就採強烈的自衛態度，並不想瞭解對方的情況，只是一味的說己方之長，大家爭得面紅耳赤，結果「公說公有理，婆說婆有理」，到離開會場時雙方都更堅信自己所用的教科書和拼音系統是世界上最好的。像這樣的爭執我們認為是浪費時間精力而無補於事的。我們主張：大家經過真正瞭解判斷後，選擇自己認為最好的，以後便各行其是，互相尊重，共存共榮。基於這種信念，我們把《中文入門》這套教材出兩種本子：國語羅馬字本和漢語拼音本。這樣，喜歡國羅的師生，有教科書可用，國羅的生命可以延續。不贊成國羅的人可以用漢語拼音本。不過我們希望用漢語拼音本的學校，對「發音篇」要同樣注重。只是漢語拼音的拼寫規則比國羅簡單，因此發音階段可以少用三天時間。

漢語拼音標調的一點小建議：有一個荷蘭學生告訴我們，他寫漢語拼音時，並不是把一個音節的聲母、韻母都寫出後再加調號，而是一寫出主要元音時，就把調號標上，然後再寫其餘的字母。我們覺得這個法子和國羅的把聲母、韻母、聲調同時拼出有些相似，似乎可以試用。當然這也是因為學生母語的習慣的緣故。歐洲語言有很多是上面加符號的，所以學生就會用這個法子；英語沒有這種符號，美國學生都是後加調號的。如果美國學生用這個荷蘭學生的辦法，或可加強對聲調的注意。

國羅與漢語拼音科學實驗比較的可能性：剛才說過以前沒有人作過這種實驗。即使有人想作也不可能，因為沒有一套用兩種不同拼音系統的相同教材。現在這套教材有了，也許有人願作這個實驗。當然，其他的困難還要解決，不過至少在

九

教材上已經進了一步。

三、教學順序　聽、說、讀、寫

學語言應該由聽、說入手，再進入讀、寫。初級課本的編排必須配合這個順序。

羅馬字的重要：漢字不是拼音文字，因此在培養聽、說能力這個階段，學生念的課本和課外書寫的練習以及筆試都必須用羅馬字。初學的美國學生絕不可能熟練地運用漢字，如果學生看着漢字課本，要每個字都停一停才念得出來，又常念錯，那對他的聽、說能力是有害無益的。我們所以要申明這一點，是因爲常有初到美國的中國老師，覺得只有方塊字才是中文，他們認爲用羅馬字學中文是可笑的。同時，他們看學生用羅馬字寫的練習和考卷，遠不如看漢字便捷，因此他們往往讓學生很快地跳過羅馬字階段，全部用漢字。像這樣在學生聽、說基礎薄弱時讓他們全用漢字，是違背學習順序，會阻礙進步甚至扼殺學習興趣的。我們在襁褓中聽母親對我們說話，就聽了聲調（例如第一聲：媽、乖，第二聲：糖、床，第三聲：奶、好，半三聲：寶寶，第四聲：爸、臭臭）。然後我們自己開始說話，到了上幼稚園、小學開始讀、寫漢字時，我們早已掌握了聲調、語法、字彙了。明乎此，我們也該給初學的美國學生機會，讓他們先發展聽、說能力再學漢字。

初級課本應把課文的羅馬字本和漢字本分訂兩冊，發音階段後開始講課文時全用羅馬字本。羅馬字所以重要，是因爲學生經過嚴格的發音訓練後，看羅馬字的課文和練習可以馬上唸出來，用羅馬字可以馬上寫出他們能聽能說的字句來，這對加強聽說基礎大有助益。等他們經由羅馬字課文把語音、語彙、語法都練熟了，再開始念漢字本課文。這樣一方面可以幫助他們記憶漢字，一方面漢字也不會阻礙他們聽說能力的進步。

什麼時候開始學漢字：因爲怕早學漢字妨礙學生聽說能力的進展，有的學校的初級中文課程第一學期完全用羅馬字，第二學期才開始介紹漢字。這個辦法理論上雖然正確，但實行起來有實際的困難：(1)學生因爲沒有看到中國字，老覺得還沒有進入中文之門。(2)因爲開始得晚，到一年級結束時學生所習漢字總數就比別的學校少，如學生到他校暑期班去念二年級，在讀寫程度上與別的學生有一段差距，造成困難。

我們雖然也遵循先羅馬字後漢字這個程序，但我們覺得不必等一學期。在三週發音階段後一方面教羅馬字課文，一方

〇一

面就開始學漢字。但羅馬字課文進行的速度，要比漢字課文快的多。等學生學完第一課的漢字，羅馬字課文已讀了三課。學生對第一課的語音、語彙、語法、句型都已掌握，那時再來看這一課的漢字，一方面覺得容易，一方面又把全課復習一遍。

總之，全用漢字是一極端，全用羅馬字是另一極端。兩者可以折衷，仍遵照聽、說、讀、寫順序，漢字比羅馬字後一步，使羅馬字課文與漢字課文得相輔相成之效。

先教羅馬字課文還有一個好處，就是可以早介紹有用詞彙，可充實課文及對話內容。例如「雞蛋」「火腿」這兩個詞，學生如用羅馬字學 jidann (egg) huootoei (ham)，這對他們就好像記兩個德文字或俄文字一樣，沒有什麼問題。會了這兩個詞他們就可以談他的早餐了。如用漢字，「雞」「蛋」「腿」這幾個字都很複雜，開始時不會介紹，要等很久以後才出現。一般開始時只學簡單基本的字，如全靠基本漢字寫課文，課文內容自然受限制，會話也只能說幾句簡單的話。學中文的美國學生已是大學或高中學生，所以越早開始較有意思的會話越好。讓羅馬字課文先邁大步走，漢字慢慢跟上來。這樣不至於被漢字絆住腳，課文比較容易，學起來也有趣的多。

四、課文

課文須有趣味，課文內容應與學生的日常生活相關，課文的語言應力求自然。

有趣的課文可幫助學生記憶吸收：我們曾作過一個非正式的試驗。在一班二年級的中文課上，我們在一學期快結束時，把全班學生分為十二個或十三個三人小組。每組負責寫一個中文短劇並表演，我們叫他們寫時把這學期學過的詞彙、句型盡量用上去。那時已教了十幾課課文，有的是輕鬆幽默的小故事或對話，有的沒有什麼趣味，雖然包括了不少有用的詞彙和句型，但內容很枯燥。對每一課我們所用的教學方法和所花的教學時間是一樣的。結果學生在短劇中所用的詞彙和句型，都是從那幾課有趣味的課文裏來的。那幾課枯燥的課文，竟是一片空白，在學生腦中好像什麼都沒有留下來。這情形連續數年無改變，而十幾組學生全是一樣，無一例外。這很有力地證明，枯燥無味的課文是浪費學習時間的。

在這本課本裏我們盡量把課文寫得幽默有趣味。固然大部分師生會贊成這一類課文，但我們也預期會遭遇到一些反對。因為有人會認為這一類課文不夠嚴肅，甚至覺得太幼稚無聊。有這樣的想法的人就可能對課文起反感，有了反感自然就影響學習效果。不過持這種態度的畢竟是少數，我們只希望他們能認清：(1)初級語言課本不是說人道理的地方。(2)「幼稚

無聊」還是比枯燥無味好。因為前者他們雖不喜歡，但總是「不尋常」的，可能就因此他們還是把課文的語言記住了。而後者多半在他們腦中留不下任何印象，完全不能達到學語言的目的。所以對他們我們寧失之「幼稚」不可失之枯燥。這一點可舉例說明。《國語入門》裏有一課，一個人在敍述他的夢境時說：「我就走到烟圈儿裏去了」。曾聽過有人批評，說這樣的課文太不實用，因為他一輩子也不會走到烟圈儿裏去。其實作者也知道他不會進烟圈儿，只是把課文寫得有趣些可幫助記憶。學生如記得這個句子，再把烟圈儿換成屋子或教室或客廳，就是很實用的句子了。而那位批評者畢竟是由於對這「不尋常」的句子不滿，而把這句子記住了。

課文與日常生活有關可讓學生有話可說：學習外語最有效的方法就是多說。光是被動地在課堂上回答老師的問題是不夠的，應該在課外儘量與老師或同學用外語交談，主動地把課內學過的字句都用出來。我們都有過這種經驗：有些外語字句，我們努力地唸、背，但老記不住；等說話時用了一兩次，便真的「化為己有」，永遠忘不了了。學生如去中國，或參加不准說英文的明德大學暑期班，當然有很多說話機會。但要在美國一般大、中學裏製造說中文的環境，那可不是一件簡單的事。得靠下列兩個因素：(1)老師：老師要極力鼓勵學生說，要不怕累，一有機會就和學生用中文交談（用學生學過的有限的詞彙和句型，找話和他們說是一件很累人的事）；同時還要組織各種活動，老師要盡量參加。(2)教材：光有老師或學生組織的活動，例如「中文桌子」（大家圍坐一桌，共同進食，相對忘言，只說中文）。學生如發起任何說中文的活動，那還是不行的，必須有話可說，這就要靠教材了。如果課文裏講的是學生從沒去過的地方或與他們生活完全無關的事（如中國政府組織），而希望這些題材學生可以琅琅上口，那是很困難的。相反的如果課文裏講的是男朋友，女朋友，學校的伙食太壞，上課打呼，家裏的小狗，教授性情古怪，房間髒亂，給媽媽打長途電話等等，那學生就可以侃侃而談了。

課文的語言應力求自然：有的教科書為了遷就句型有時削足適履地創造一些中國人從來不說的句子。中國老師遇到這種句子最傷腦筋。把這種句子教給學生讓他們反覆練習，實在於心不忍；如告訴學生句子不妥，又恐學生對課本失去信心，影響學習效果。有的老師是研究生兼中文課助教，他們一方面需要這份工作，一方面又無權換教科書或更改書中的句子，所以教得很痛苦。我們的課文儘量用自然的語句，希望不要把上述痛苦加諸老師。所謂自然有兩種，一種是情景，一種是語言。課文中的情景雖是虛擬，以配合介紹某些語法、句型、詞彙的設計，但仍應合情合理，不要讓人覺得彆扭。例如有人到書店中買習簿，店員說：「我們沒有練習簿，可是我們有照相簿、郵票簿、賬簿、電話簿、電報號碼簿、禮品登記簿、來賓簽名簿……」。這樣的對話雖然介紹了很多有用的詞彙，但情景太不自然，因為不可能有這樣的店員。至於語

言，所謂自然就是在課文所設的情景中，一般中國人都會說出與書中同樣的語句，例如母女間、同學間或師生間對話等。總之，句子合乎語法，中國人聽了不覺有絲毫彆扭，而對情景完全適合，那便是自然的中文。課文中情景與語言都自然，學生念了可以獲得情景與語言結合的整體知識，而不是只學些孤立的句子。這對他們正確靈活的運用語言，更有幫助。

課文英譯：每課的羅馬字課文左邊，都有并列的課文英譯。所以提供英譯，是為了幫助學生把握課文的意思，這比他全靠自己摸索要省很多時間。如果沒有英譯，學生要靠字彙表和文法注解來瞭解課文，一方面他要費很多時間，一方面他常會把意思看錯，上課時老師就須逐句講解。現在學生在上新課前有字彙表、文法注解和英譯的輔助，先把課文預備好，再聽了兩遍錄音帶，上課時他已有了充分準備，老師只須把較難的句子講明白，省下的時間可作更有用的事，例如多學例說明文法要點和句型，多讓學生在課堂上練習等等。總之，在中文課上應該讓學生儘量聽中文說中文，老師也應該儘量說中文，但學生畢竟是成人，不是幼童學外語，所以要完全不用學生的母語，不但是不可能而且是有害的。因此如要學生瞭解意義、內容、步驟等等，必須用英文。我們覺得中文課上用英文的最好法子就是讓學生「看」英文來幫助他們瞭解，而不准他們說英文。課文英譯，詞彙、文法的英文注釋和英譯中練習等都是為了發揮這個功能的。當然，我們這裏所說的中文課是美國大、中學裏的中文課。等學生到了中國，他的水平已經高到可以不用「漢英」字典只用「漢漢」字典時，他就可以全說、全看、全寫甚至全想中文了。

英譯還有一個功能就是可讓學生作背誦練習。作這個練習時叫學生把羅馬字部分蓋住，看着英譯把中文句子背出來，英譯可作為一種提示。這個練習很有用，因為學外國語言背誦還是個很有效的方法。

我們寫中文課文時力求自然，課文的英譯也一樣自然。英譯不是照着中文硬翻的中式英文，而是美國人在同樣情景中也會這樣說的自然英文。因此學生如要從這種英譯裏去探討中文句構根本不可能。如有人要一板一眼的找漢英對照，也是找不到的。而我們的課文標題，有的中文和英文完全不相干，因為根本不是直譯。

五、語　法

初級課本介紹語法應簡明實用，讓學生掌握基本用法，切忌纏夾。有關聯的語法要點須同時介紹。對學生常犯的錯誤

，宜未雨綢繆及早預防。

簡明實用：這本書的語法介紹，多是參照《國語入門》的。美國中學裏並不是普遍的有語法課，所以中學生和大學生沒有太多的語法訓練。給他們解釋語法，如用許多語法名詞再加上抽象的語法理論，那眞是「殆矣」。課本上最好用美國人的習用英語簡明而切中肯緊地把用法說清楚，馬上舉幾個例子，學生看書預備課文時，對這課的語法要點已有概念，等上課和小組輔導時再經由更多的例子和口頭練習來熟習，即可掌握基本用法。如遇較複雜的語法，須擇其要者逐一介紹，例如「了」字可舉出數十條用法，但對初級學生，可選出八條最基本最有概括性的，照課文出現的次序，每次介紹一條，介紹新用法時再把學過的用法複習一遍，這樣一年下來，學生如能把這八種用法掌握住，那就很好了。如果同時給學生舉出數種「了」字的用法，很可能把他攪糊塗了，結果一條也學不好。總之，無論是課本上介紹或課堂上講解，都應認清初級中文課上的語法是教學語法，絕不是理論語法。教學語法就是要學生掌握基本規律。如介紹了基本規律又舉出多種例外，告訴學生還有其他可能，那是節外生枝徒亂人意，應該避免。學生有時提出問題，問某種說法可否成立，即使他說的是一句可以接受的句子，仍應告訴他先把基本用法練熟了再說，其他等以後再考慮。切忌告訴學生A式對，B式也行，C式有人說，D式我也聽見過。這樣講語法，對學生掌握基本規律是絕無好處的。

次序：除了前幾課的基本語法外，其他語法要點的介紹次序，各教科書不盡相同，但有一點是一定要作到的，就是相關聯的語法重點，必須同時教給學生。例如教了結果補語「聽懂」以後，馬上得教可能補語「聽得懂」「聽不懂」。有的教科書在介紹結果補語後，隔了很多課才介紹可能補語。在這當中學生就用錯誤的方式「我能聽懂」「我不能聽懂」來表達，等到教可能補語時，學生的錯誤習慣已養成，不易改正了。

預見錯誤及早糾正：學外語時，因受母語的影響，常犯某種錯誤，那是因為母語和外語在某些表達方式上有顯著的歧異。學生說外語時把母語的說法移植過來，自然犯錯。例如美國學生說中文時常說「我也」、那是〞me too〞的直譯。你說：「我喜歡這個電影」，他就說：「我也」。因此在文法注解上解釋「也」時，須說明「也」是副詞，後面得跟動詞或形容詞，不能單獨用，所以只能說「我也喜歡」但不可說「我也」。這樣先給了警告，以後有機會不斷告誡，大約就不會再犯了。又如英文〞if〞有兩義，一表條件：If she comes I will see her.（要是她來我就見她），一表是否：I don't know if she will come.（我不知道她來不來），第二句的〞if〞中文不能用「要是」。但美國學生常常說出「我不知道要是她來。」這樣的錯誤句子。因此我們在一課課文裏把這兩種用法同時舉出來：

一四

甲：你要茶還是咖啡？

乙：茶或者咖啡都行，我兩樣儿都喝。要是你有中國茶葉，那我就喝茶。

甲：我只有中國茶葉，沒有別的茶葉。我不知道你喜歡不喜歡清茶？我只有清茶。

在這段對話裏，除了 if 的兩種用法以外也介紹了 or 的兩種不同意思。英文都用 or，但中文卻有「還是」和「或者」的分別。學生在預備課文時看到中文的不同說法，在英譯上都用 or 或 if。在文法注解上他讀到中文用法的解釋，中英的異同，還有關於美國學生常犯錯誤的嚴重警告。然後在課堂上他又聽到老師的解釋、舉例和告誡。以後又有課內外的練習和考試來幫助他掌握。經過這樣一個過程，他大約就不會再說錯了。總之，探求病源，防患未然或及早醫治，也許可以把毛病根除。

六、漢字

中國人認為漢字太難，是「攔路虎」，必須改革、簡化。連中國人都覺得難，美國人就更不用說了。漢字不是拼音文字，與英文完全沒有關係，美國人學漢字靠硬記，對他們的確是相當困難的，因此初級課本在設計漢字教學時，應該想法子減少學生的困難。

每日五字：我們的法子就是：「分散困難、減輕負擔、持之以恒、逐漸克服」。我們規定學生每天學五個字，從星期一到星期五，每週學二十五個字。（這是指的大學課程，中學可減為每天兩個或三個字，每週十或十五個字）。在漢字學習手冊上，每頁有五個大字，字上註明筆畫順序，字旁有注音、英譯、部首說明等。這些字都是從課文裡選出來的。第一天學「我是美國人」五個字，第二天加上「你他們也都」五個字。有了十個字就可以造幾句句子了，如「你也是美國人」、「我們都是美國人」等，同時也可以讓學生作練習了。所以從第二頁起除五個大字外，另有句子和練習。句子不是課文的句子，是用學過的漢字另編的，可訓練學生的閱讀能力。練習有兩種，一種是翻譯：把英文句子翻譯成漢字，一種是自我聽寫。所謂自我聽寫就是給學生羅馬字的句子，讓他們作練習時自己念出來，一邊念一邊寫漢字，口中念念有詞，數着筆劃一筆一筆地「畫」（不是寫），腦中完全不想這個字的讀法和意思。像這樣學漢字自然不容易記住。因此需要告誡他們：漢

字雖非拼音文字，寫時仍需形音義兼顧。如這個字是一個詞的一部分，寫時最好也想到那個字或詞出現的句子，那就更高明了。總之，如把寫字變成畫一個個孤立的小畫，而與活的語言全無關聯，那是記不住的。「自我聽寫」練習就是督促學生寫字時兼顧形音義。我們也把這些另編的句子作成錄音帶，學生可一邊聽一邊讀。雖然要學生「寫」漢字，但把聽、說、讀也加進去，效果會好些。

在三週發音階段裏的最後一天，一方面開始講羅馬字課文的第一課，一方面也讓學生開始「每日五字」。我們給他們解釋美國學生習漢字的難處，並說明「每日五字」是一種「縮小目標、各個擊破」的設計。因為數量少就容易學，同時也可以學得比較精、記得牢；要等一課念完同時學幾十個字是很困難的。這種日積月累、細水長流的辦法是個比較有效的辦法。不過要實行必須持之以恒，一定還要加以相當的「他律」。所以我們發給他們空的格子紙，要他們把五個字每個寫十遍，第二天交上來，看完發還給他們；也要他們交練習。此外偶而有聽寫測驗、每星期一有週考，包括上週的二十五個字（第二次週考包括五十個字，慢慢累積）。這個辦法我們已試行了數年，一般結果良好。學生學漢字的成績比以往好；過去學生常抱怨漢字難，現在已聽不到抱怨了。

關於羅馬字課文與漢字課文的關係，前面已經討論過了，現在再進一步說明。我們說過讓羅馬字大步往前走，漢字慢慢跟，開始時的確是跟得很慢，學生每天學五個字，要六個星期才把第一單元的字學完，羅馬字課文早已跑到前面去了。但到後來漢字越跟越快，因為羅馬字課文的新詞彙，很多是由學過的漢字組合成的，或是一個詞裏的兩個字都已學過，或有一個字學過，所以到了一年級的後半，幾乎是一課羅馬字課文念完，馬上就可以看漢字本了，學生印象猶新，再把漢字課文學習一遍，是個很有效的複習。

還有一點要申明的，就是課文裏的漢字，並沒有要求學生全部學，像「龍蝦」、「蕃茄」、「輸贏」等少數字並不包括在每日五字內⑨。講漢字課文時，遇到這些字只要口頭提示或在黑板上寫一下就行，因數量少並不會造成任何困難。不讓學生學全部漢字有兩個作用：⑴減少漢字數量，學生負擔不至太重。⑵羅馬字課文可擴大詞彙，豐富內容而不受漢字限制。這少數詞彙學生雖不會漢字，但他們學了羅馬字，所以能聽、能說、能用，等以後二年級或三年級時再學這幾個漢字也不遲。事實上大陸和台灣的中國孩子，學了拼音或注音字母，寫作文時遇有會說不會寫的字，就用拼音或注音字母寫出

來，等以後學會了漢字，再把漢字換上，這法子美國學生也可以用。

簡體字：美國學生學中文，繁體字簡體字都得學。簡體字不必說，那是中國十億人民都在用的文字，學中文的美國學生自然得學。但繁體字也要學，因為我們還不知道將來這些美國學生要怎樣用他們的中文。有的學生大學畢業後進研究院念明史或六朝文學，如果他們不學繁體字根本無法看材料作研究。我們曾看見過有的研究生只學了簡體字，看繁體字非常吃力，他對當年老師只教簡體字感到非常遺憾。其實即使一個學生要投身現代政治或外交，他也可能被派去台灣、香港或與海外華人社會有接觸，那時他也需要繁體字的。總之，美國大、中學有中文課程，如果只教一種字體，而想對中國有較深入的瞭解，想看點一九四九以前的資料，他還是需要繁體字的。如果要學一種字體，對學生是不利的。

既然繁簡字都得學，我們主張先由繁體字入手，因為由繁入簡易，由簡入繁難。而且學了繁體字，可以知道簡體字的由來，對以後學簡體字有幫助。

有的學校繁簡字同時教，我們認為那是很不切實際的辦法。美國學生學漢字不容易，集中精神學一種都很吃力，如分散精力學兩種，結果一樣也學不好。

《中文入門》漢字本是繁簡字課文都有的，所以決定只教簡體字的各學校也可以用。繁體字是直排的、簡體字是橫排的。

我們在一年級的後半開始介紹簡體字。最後兩課是要學生看簡體字課文的。大考時漢語拼音和簡體字都包括在內。簡體字雖學的不多，但已作了啓蒙工作。到二年級有不少簡體字教材，那時可以加強。繁簡字課文在同一本上，對學生學習有點幫助。學生對繁體字課文已很熟習，現在用同一材料學簡體字，比學完全陌生的材料容易些。學生如暑假中願意復習中文，他們可用簡體字課文復習，也算是一種暑期作業。

在漢字學習手冊上我們為繁體字加了筆劃順序、注音、釋義等，但沒有為簡體字加這些。因為我們主張先學繁體後學簡體，到學簡體字時，筆劃順序已經不成問題了。漢字學習手冊後面附有全書繁簡字對照表，和簡化偏旁的字，查閱很方便。我們計算了一下，前六個單元共學五百六十一個字，其中有一百九十一個簡體字。簡體字中又有八十四個是簡化偏旁的字，所以要學的簡體字一共一百零七個字。學會五百多繁體字後，再學這一百個簡體字不是困難的事。

輕聲字：漢字本上還有一個特色，就是由第一單元到第三單元的課文，所有應讀輕聲的字，除了幾個經常讀輕聲的字以外，都用小一號字體印，可引起注意，念的時候不會忘了輕聲。第四單元起不再有小字，因為前面三個單元都注意，以

七、視聽教材

初級課本應有多種視聽教材作爲輔導，以增強效果。目前可經由下列設備製作視聽教材：幻燈機、錄音機、錄影機（錄像機）、電子計算機。「中文入門」現在只作了錄音帶和錄影帶，希望以後能利用電子計算機製作其他視聽及練習的輔助教材。

錄音帶包括發音篇，各課的詞彙和課文。學生課前預備和課後複習必須聽錄音帶並且跟著錄音帶說。如果缺少這一步，整個教學效果要減低很多，學生作了這一步，老師講課要順利得多，課堂的氣氛也好，可以省出許多時間作別的有用的事情，讓學生學得更快更好。美國大學都有語言實習室，中學很多沒有，不過卡式錄音機和「隨身聽」很普遍，學生自己都有，所以老師還是可以設法強制他們聽錄音帶。

錄影帶是由幾位老師擔任演員把每課課文都表演出來。學生念完了一課並經過相當口頭練習後就看錄影帶。這時他已完全瞭解課文，聽過錄音帶，對這一課的句型、語彙都已很熟悉，因此錄影帶上每句話他都可以一字不遺地聽懂，再配合上形象、動作、道具佈景，就好像把他所學的有關這一課的一切，都凝聚在一起展現在他眼前，讓他耳聞目睹，這樣當然可以增強印象，幫助記憶，所以是一個很有效的複習。錄影帶可以在課堂上看，也可以放在語言實習室裏學生個別去看。

不過有一點應向學生說明：作爲視聽教材錄影帶是爲總複習及加深印象用的，而不是爲學發音用的。學發音仍應靠錄音帶。錄影帶還有一個功用：讓學生作會話練習。看錄音帶時把聲音關掉。叫兩個或兩個以上的學生站起來，照錄影帶上所演的每人分派一個角色，然後讓他們看著錄影帶說話，他們可以背課文，也可以自己編別的話來說。

負責攝製錄影帶的江堯璞是視聽教育專家並有中文教學經驗。課本作者之一台益堅有豐富的教學經驗也是戲劇博士，由他負責導演。錄影帶是在江堯璞服務的佛羅里達州立學院攝製的⑩。佛州學院視聽中心的同仁出了很多力，擔任演員的老師也都很盡力。一般說來這個錄影帶效果很好，每一個看過的學生都覺得非常有用。

利用錄影帶教語言，已很普遍，但多數用在高級課上。學生的語文能力已經很好，可以自己看故事片或記錄片。專為初級課本攝製的錄影帶尚不多見。課文的內容自然影響錄影帶的製作：幽默生動的課文，比較容易作；孤立的句子或缺少

一八

趣味的課文，效果便差些。

除了課文我們也試作句型錄影帶，用「把」字句、「了」字句寫成短劇演出，配合課文複習語法要點，對學生也有幫助，不過這些都還在試作階段。

學生的課外練習也包括錄音。我們要他們每週交錄音帶，老師聽了給他們改正發音。第一學期大考的口試在語言實習室作，學生口頭回答問題錄在錄音帶上。第二學期大考口試，是每三個學生一小組，用他們學過的詞彙、句型寫一短劇，交老師改正後發還，然後他們背熟了表演，錄在錄影帶上給全班看。

八、文化教材

語言課自然要介紹文化習俗，所以語言課本也應有一部分文化教材，增進學生對文化的瞭解。《中文入門》目前沒有太多的文化教材，只在語法注解後面加上與課文有關的文化注解，如中國姓名、外國學生的中國名字、打招呼、客氣話、飲食習慣等。不過在第六單元第四課中，提到學校舉行中國晚會，唱中國歌兒，作中國菜，寫中國字，畫中國畫兒，也許可以給學生一個舉辦文化活動的機會。中學的中文課程，介紹文化是重要成分之一，語言課本應供給老師材料和便利。

我們試製了一個中國烹飪的錄影帶，表演了兩道菜的烹製，前面的說明盡量用學生學過的句型詞彙，他們可以聽得懂。這樣就是語言教材與文化教材的結合。這一類的教材應該多作。

九、公正的衡量、客觀的批評

根據上述，可知一本好的初級中文課本，事實上就是一條有效的途徑。通過這條途徑，學生可以打好中文基礎，走向康莊大道。所謂有效途徑就包括前面所說的課本設計、發音、課文、語法、漢字、視聽練習等各項的教材和方法。我們要衡量一本課本的優劣，也應該從這些大的方面着眼，給予公正客觀的評語。切不可憑主觀的好惡或個人的語言習慣或者一些無關緊要的小事隨便批評，因為不負責任的批評常會造成意想不到的壞影響。

我們所以指出這一點，就是過去聽過不少這一類的主觀批評。例如有一位老師看見書上的文法註解說明「還是」、「

一九

或者」的不同，他就認為這本教科書錯誤百出，因為他自己說話從來沒有「還是」、「或者」的區別。另一位老師看見書上用了一個「大氅」，就說「現在都說大衣，哪兒有人說大氅，這本教科書太不實用了。」像這樣的批評都不夠公允，因為個人的語言習慣不能作絕對的標準；而一本有很多優點的書，即使用了一兩個過時或不普遍的詞彙，也不影響它的價值。也有人完全不了解編寫初級教科書的困難。例如本書第一課有一句：「你跟我都是學生，所以也都是朋友。」看了這一句有人可能就說：「這本書簡直不通，難道學生都是朋友嗎？」我們也知道這句不大合邏輯，但第一課要用極有限的詞彙編出一段對話，有一兩句略嫌牽強也是沒有辦法的事，以後的課文就沒有這樣的句子了，所以不能因為這一句就否定全書。

還有人衡量教科書就看它是否包括了某些時事用語。例如一九七〇年代初期，他們看書裏有無「大慶」、「大寨」；如果沒有，這本書便是陳腐反動。其實一兩個詞彙是最無輕重的。一個學生如有好的中文基礎，要記一兩個新詞彙或時事用語，不過頃間事。相反的，如果一個學生說話無四聲，用的句子詞序全不對，寫的漢字缺胳膊斷腿，即使會幾個時事用語，也沒有什麼用處。時事用語常不能持久，過兩年便烟消雲散，不足為據。初級語言課本的詞彙仍應以日常用語為主。

隨便批評所以會造成災害，是因為初級中文課上的美國學生，對課本往往全無判斷力；如果他們聽到中國人說課本不好，一定就相信課本一無是處。中國人的批評除了剛才說的老師外，還可能來自他們的同學。校園裏的中國學生有時對美國同學批評中文教科書，美國學生便信以為真。其實，這位中國學生並沒有語言教學經驗，也不瞭解教外國學生的教科書的重點何在。他的批評只是憑主觀的感覺；或者書中有一個字用法不合他的意；或者有一個音與他的方言不符；或者書中用的拼音系統他不會，他就說書不好。美國學生聽了，傳給班上其他同學。有的學生自己有判別力，不相信這一套；但也有的學生便因此對教科書失去信心。如果老師是有經驗的，足以控制全局的，他可以向學生剖析釋疑。如果碰到一個新老師，自己也沒有十分把握，碰到這種情形，便會造成紛擾，影響整個中文課。所以我們說要批評必須審慎、客觀、公允，不可隨便說話。

九、結　語

我們已陳明了我們的期望，《中文入門》是否作到了我們的期望的，要等用書的人來判斷。希望用這本書的老師同學

，在教學中如發現錯誤或缺點，能告訴我們，再版時就可以訂正。

最後，我們希望這本教科書能對改進美國的初級中文教學有些用處。美國學生的中文程度，直接影響美國的中國研究和中美關係。從事研究中國的美國人，無論研究那一個時代或那一個科目，如果不能紮實地掌握資料，即使有再高妙的理論，也是華而不實，害多利少。從事與中國有關的政治、外交、貿易的美國人，如果中文程度不好，永遠不能眞正地瞭解中國人；而美國學生中文程度的基礎，就奠立在大學、中學的初級中文教學上。我們雖然認爲美國學生的中文程度很重要，但中文教學在美國並沒有受到應受的重視，而初級中文課程的重要性，在大學、中學裏更是常被忽視。在美國大學裏，不但是學校當局，就是教有關中國的課程（中國歷史、文學、政治、社會、經濟、美術史等等）的教授，對初級中文課程也並不關心。照理他們是應該關心的，因爲學生中文成績的好壞，是和他們的課有關係的；學生中文根底差，將來念他們的課時，看中文書，用中文材料就有困難。不過美國大學本科有關中國的各種課程，目前大多數都是只看英文書，用英文材料，到研究院才用中文資料；因此，教授還可以不去管初級中文課程，不必想到初級中文教學需要不斷改進這一類問題。但是現在情形在逐漸改變中，學生開始學中文的年齡，越來越提早了。有的學校大四學生作畢業論文已經要用中文材料了。以後可能大三、大四的有關中國的課上，學生也會要求看中文書了，所以各科教授對中文教學也應該及早注意才是。

學校當局不重視，有關教授不關心，初級中文課程自然不會有太高的地位。各校情形當然不盡相同：情形好的，教課的老師都是專業，大家認眞努力地教，建立良好的聲譽，選課的學生逐年增加，這一課就成爲系裡一門重要的課。情形差的，主持教授不負責，教員又有很多是臨時性的（如研究生兼助教），不一定有語言教學訓練或經驗，流動性又很大，對於教學自然有影響。我們覺得要是想讓大家認識初級中文課程的重要性，一方面要呼籲爭取、喚起各界的注意；另一方面，從事這項工作的老師，要有專業敬業的精神，必須認清語言教學是一種專業，需要專業的知識、訓練和經驗。「是中國人就能教中文，是美國人就能教英文。」這種想法早已證明爲錯誤。一般人中固然還有不少持這種錯誤想法的，但如果教育當局、大學教授、乃至於中文老師自己也這樣想，那是很不幸的。過去沒有教學經驗的老師，非得花些時間充實自己才行。

總之，要大家共同努力，提高素質、表現成績，才能增強初級中文教學的地位。如果這本教科書能讓學生學得有興趣，老師教得順利，也算對提高初級中文課的素質略盡棉薄。

①Yuen Ren Chao, *Mandarin Primer*, Harvard University Press. Cambridge, 1948.

一二二

② 趙元任《語言問題》，北京商務，一九八〇，頁一五九。

③ Chao, *Mandarin Primer*, P. 73

④ 羅常培《國音字母演進史》，長沙商務，一九三八。頁二〇—三六。王玉川《我的國語論文集》台北，一九六三。頁一四八—一五〇。周辨明當時在德國，未參加討論，但用通信方式提供很多意見。

⑤ 羅常培，頁三六。

⑥ 王玉川《為國語羅馬字辯護》台北，一九六六。頁一五。

⑦ Wade—Giles System。有關中國的英文著作裏，中國人名及其他名稱多用威妥瑪式拼音寫出。現在雖有改用漢語拼音者，但沿用威氏的仍很多，所以學生應學會這種拼音法。

⑧ 王玉川，同注⑥。

⑨ 不要求學生學的漢字，列在漢字學習手册的最後幾頁，願意多學漢字的學生可以自學。

⑩ Florida Junior College at Jacksonvile.

CHINESE PRIMER

Character Text

TEXT IN REGULAR CHARACTERS

第一單元

男學生、女學生

第一課 朋友（上）

甲（男，美國人） 乙（女，中國人）

甲 貴姓？

乙 我姓丁。你貴姓？

甲 我姓張，我的名字叫張儒思。

乙 我叫丁新。

甲 我是學生，你是不是學生？

乙 是，我也是學生。

甲 我是一個美國學生，你也是美國

學生嗎？

乙 不是，我不是美國學生。我是中

國學生。

甲 你是小學生還是中學生？

乙 我是中學生，我是初中學生。

甲 我也是中學生，可是我不是初中

學生，是高中學生。

乙 我們都是學生。你是男學生，我

是女學生。

甲 你跟我都是學生，所以也都是朋

友。你是女學生，我是男學生，

所以你是女朋友，我是男朋

友。

乙 可是我不是你的女朋友。

甲 我也不是你的男朋友。

二五

乙　咱們是新朋友。

（進教室 They enter the classroom）

第一單元

第二課　朋友（下）

甲　那個人是誰？他是不是一個大學生？

乙　不是，他是我們的老師，也是我們的老朋友。

甲　老師是我們的朋友嗎？

乙　是的。

甲　這張桌子是你的不是？

乙　不是，這張桌子是他的，這把椅子也是他的。

甲　哪張桌子是你的呢？

乙　那張桌子是我的，那把椅子也是我的，那張桌子跟那把椅子都是我的。（見遠處一樣東西 sees a distant object）廿，那是甚麼？

甲　那是一隻狗。（吹口哨叫狗，小狗跑過來。Whistles to call small dog. Small dog runs over.）

乙　廿，這隻狗是誰的？

甲　這是我的狗，也是我的好朋友。

乙　狗是你的朋友嗎？

甲　是的，狗是我的朋友，我的朋友是狗。

（笑 laughs）

乙　我不是狗，所以我不是你的朋友，對不對？

甲　不對，不對，你是我的朋友。雖然你不是狗，但是你還是我的朋友。（指着一隻大狗 pointing to a large dog）他雖然是狗，但是他不是我的朋友。

第一單元

第三課　要求太高

甲　早，你好嗎？

乙　早，我還好，你呢？

甲　我今天有一點ㄦ不舒服。我覺得很累。我的那張牀太軟，很不舒服。

乙　我的牀也很軟，不夠硬。也許都太舊了。

甲　這個宿舍的屋子都不太好，都那麼小。

乙　可是咱們的這間教室不錯。窗戶這麼大，門這麼高，屋子也很亮，所以很舒服。

甲　這個學校的飯真壞。早飯不好吃，中飯不好吃，晚飯也不好吃。

乙　雖然你說不好，可是我覺得這個學校的飯還不錯。

甲　還不夠壞嗎?昨天中午的雞太生,晚上的牛肉太硬,今天早上的雞蛋又太老。

乙　我覺得你的要求太高了。這個學校是一個好學校,也是一個有名的學校。學生多,老師好,可是你覺得還不夠好。

甲　學生雖然多,可是球場太小,老師也太少。

乙　這個不好,那個也不好,你這個人的性情太奇怪。你看,咱們的中文老師多麼好啊。

甲　這位老師好是好,可是她有點ㄦ矮,鼻子也不夠高,真不好看。

她的眼睛……

乙　別說了!你真是一個壞蛋。她是我母親ei。

甲　嗄!(跑出去 runs out)

第一單元

第四課　中文課

甲(男,美國人)　乙(女,中國人)

甲　請坐,請坐。你還有課嗎?

乙　現在沒有課,可是下午有課。

甲　下午有幾堂課?

乙　有兩堂。

甲　是甚麼課?是不是中文課?

乙　不是，是英文課。我沒有中文課。

甲　你為甚麼不學中文呢？

乙　因為我是中國人，我會説中國話，所以我不學中文，要學英文。

甲　我真喜歡中文。我天天都學中文。

乙　你那麼喜歡中文，現在會説中國話不會？

甲　我只會説一點ル，可是我會寫中國字ei。

乙　你會寫很多中國字嗎？

甲　大字小字我都會寫。

乙　真的？我不信。

甲　你看這是大字，這是小字。

乙　哦，你只會寫「大」「小」這兩個字啊。

甲　我也會寫一、二、三，還有上，還有「下」(shia)(xia)。

乙　蝦？蝦字怎麼寫？

（甲寫「下」A writes 'shiah' xia'）

乙　噢，是「下」不是「蝦」。哎呀！你一説蝦我就餓了。

甲　好，咱們吃飯吧。

第一單元

第五課　吃虧

甲　你要不要先喝點ル甚麼？

乙　我要喝茶，喝清茶。

甲　清茶是甚麼？

乙　清茶就是綠茶。中國人多半兒喝綠茶，很少喝紅茶。

甲　我們美國人多半兒喝紅茶，不喝綠茶。我紅茶綠茶都不喝，就喝汽水。

乙　喝太多汽水ル肚子會覺得不舒服；所以我不喝汽水ル。廿，我餓死了。

甲　我也餓死了。你要吃甚麼？今天我有錢，我請你。這家飯館ル的龍蝦很有名，你想不想吃？

乙　好，那我就吃龍蝦。

甲　好極了。（對服務員說 speaking to the waiter）我們要兩隻龍蝦。（摸摸口袋 feels pocket）哎呀！我的皮包上哪ル去了？皮包本來在這ル，現在不在了。

乙　（指着稍遠處椅子旁邊ル地上的一樣東西 pointing at something some distance away on the floor beside chair）你看那ル，那ル有一個東西，不知道是不是你的皮包？

甲　哪ル？在哪裏？

乙　那把椅子那ル。

甲　（走過去看 walks over and takes a look

）不是，這不是我的皮包。（不好意思地笑着 chuckling with embarrassment）你有錢嗎？

乙　有，可是我的錢也許不夠。我只有一、二、三、四、五、六、七、八、九、十、十一、十一塊錢。

甲　那我們就不能吃龍蝦了。能吃甚麼呢？

乙　那我請你吃別的吧。本來你請我，現在我請你了。

甲　謝謝謝，可是我也請你吃東西了。

乙　你請我吃甚麼了？

甲　吃虧。

第二單元

喝茶、吃飯、跑步

第一課　喝茶

甲（中國人）　乙（美國人）

甲　誰啊？

乙　是我，張儒思。

甲　請進，請進。

乙　你忙不忙？你有空ル沒有？

甲　我沒事，你請坐。

乙　我今天下午沒甚麼事，想跟你談談。

甲　很好，我也很想跟你談。你喝甚麼？熱的還是涼的？

乙　我喝熱的吧。

甲　你要茶還是咖啡？

乙　茶或者咖啡都行，我兩樣兒都喝。

甲　要是你有中國茶葉，那我就喝茶。

乙　我只有中國茶葉，沒有別的茶葉。我不知道你喜歡不喜歡清茶？

甲　我只有清茶。

乙　清茶很好，我在中國的時候兒天天喝清茶（甲把茶葉放在杯子裏，倒開水 A puts tea leaves into a cup and pours in boiling water）。

甲　這是中國法子泡茶，你喝得慣吧？

乙　當然喝得慣，我在中國住了兩年，都是這麼喝的。

第二單元

第二課　吃飯（上）

乙　（喝茶）嗯（Mm），這茶葉很好。小李啊，你來美國已經兩個月了，你過得慣過不慣？

甲　別的還好，只有三件事情不大習慣，第一件是我的英文水平不夠高，老師上課的時候兒說話說得

太快，有時候我以為聽懂了，其實沒聽懂。第二件是喝涼水。第三件是用刀叉吃飯。

乙　怎麼？你現在還不會拿刀叉嗎？

甲　不能教教我怎麼拿刀叉？（甲拿出刀叉給乙　A takes out a knife and fork, gives them to B.）拿是會拿，可是拿得不對。你能

乙　你用右手拿刀子，用左手拿叉子，這麼樣切。切完了，放下刀子，再用右手拿叉子一塊一塊地吃。很容易，是不是？

甲　對你很容易，對我可很難。我已經鬧過兩次笑話了。有一次我切一塊雞，我一切，雞就跳得很高，掉到我旁邊那個人的咖啡杯子裏了。

第二單元

第三課　吃飯（下）

甲　（cont.）還有一次，我跟一位美國女同學一塊吃飯。生菜裏有個小番茄，我想：「既然這個番茄這麼小，就不用切了。」可是我一咬，番茄的汁就濺到那位女同學的臉上跟漂亮的衣服上了。

乙　（笑）她說甚麼呢？

甲　她倒很客氣，好像完全沒事ル似的。過了一會ル，她看我不注意的時候ル才擦了一下ル臉，其實我還是看見了。

乙　剛到外國，總要鬧這種笑話的。我記得我剛到中國的時候ル，在一個朋友家裏吃飯，我因為筷子拿得不好，也鬧了笑話。我夾了一塊肉，沒夾住，"pa" 的一聲掉到湯碗裏了。朋友妹妹的臉上手上身上都是熱湯。她也很客氣，她說「不要緊，沒關係，不燙，不燙。」

甲　你現在拿筷子拿得很好了吧？

乙　現在當然沒有問題了。你有沒有筷子？我可以拿給你看看。（甲拿筷子給乙 A takes chopsticks, gives them to B.)

甲　對了，對了，你拿得完全對。

乙　是不是這麼拿的？

第二單元

第四課　跑步

乙　其實這種事並不難，只要多練習幾次就行。我相信再過幾個禮拜，你拿刀叉就完全沒有問題了。

甲　你的茶呢？

乙　茶我喝完了。

甲　還要不要？

乙　夠了，夠了，不要了。

甲　還有一件事我要問你。我現在一天到晚念書，甚麼運動都沒有，我想請你幫幫我的忙，想個甚麼法子每天運動運動。

乙　我每天早晨跑步，你跟我一塊ㄦ跑，好不好？

甲　好啊，你跑得快不快？也許咱們可以比賽一下ㄦ。

乙　五年前我可以跟你比賽，現在要是跟你比賽，肯定是你贏我輸。

甲　為甚麼？你又不知道我跑得快不快。

乙　以前我是跑馬拉松的，我跑得非常快，每天都跑十幾哩。後來腿摔傷了，現在跑不快了。每天慢ㄦ地跑兩三哩，鍛鍊鍛鍊就是了。

甲　你都在哪ㄦ跑？

乙　就在街上跑。早晨街上沒甚麼人。

甲　好極了。那明天就開始好不好？

乙　好，我得走了。明天早上見。

甲　明天見。

第三單元　客人

第一課　看房子

(兩個學生在學校附近一所rooming house 看房子Two students are looking at rooms in a rooming house near school.)

甲　這間屋子很小，咱們兩個人住恐怕不夠大吧？

乙　對了，這間屋子兩個人住太小了。這張牀也太軟，我不喜歡軟牀，你呢？

甲　我也不喜歡。這張桌子也太矮。（對房東 landlady）我們可不可以

房東　那你們看看三號吧。三號比五號大。

（走進三號 They enter number three.）

乙　世。這間屋子大。這間比五號大一點ル。

甲　大一點ル？這間比那間大多了。這屋子的牀也硬得多，桌子也高。

乙　可是這間好像沒有那間那麼亮。

甲　我覺得差不多，因為這間屋子的窗子跟那間一樣大。而且不亮也不要緊，因為咱們可以開燈。這ル有好幾盞燈。（走過去開燈

房東　看看別的房間？

燈開了，

乙　你看夠不夠？

乙　Mm 夠亮了。世，這間的房頂好像矮一點ル。你覺得這間有沒有那間那麼高？

房東　這ル的屋子都一樣高，不會有甚麼不同的。

甲　咱們就要這一間吧。你看怎麼樣？

乙　好，就這麼決定了。

第三單元

第二課　屋子太亂

（三星期以後 three weeks later ）

甲　你看你的衣服越來越多，咱們這屋子一天比一天亂。

乙　你的東西也不少啊。你的書不但多，而且大。東一本ル，西一本ル，簡直亂得不得了。

甲　我今天早晨剛整理過啊。

乙　你越整理越亂。你整理完了，你的書都到我牀上來了。

甲　對不起，這幾本ル我忘了放到書架子上去了。

乙　還有你的報也是東一張，西一張。以後別在屋子裏看報了。

甲　不看報怎麼知道新聞？

乙 你可以到圖書館去看啊。從今天起咱們定一個工作時間表，好不好？星期一三五我掃地、擦桌子，二四六你來，你看怎麼樣？

甲 好啊。咱們最好把工作時間表寫在紙上，然後貼在牆上，就不會忘了。

乙 你字寫得比我好，你來寫。

（甲把工作時間表寫好貼在牆上）

第三單元

第三課 客人要來

乙 咱們這屋子亂是亂，可是挺舒服

。我覺得比住宿舍好得多。

甲 那當然，而且也便宜點ル。這ル離教室也近，像你這樣ル常常遲到的人，尤其得住得近點ル才行。

乙 世，你看咱們這間屋子是不是這所房子裏最亂的一間了？

甲 其實咱們這間還不能算是最亂的，因為五號比這間更亂。

乙 不過咱們不應該只跟壞的比，應該跟好的比才行。

甲 對了，你說得真對。可是說起來容易，作起來就不那麼簡單了。

（又過了幾天）

甲 樓下有一封你的信，我給你拿上

來了。

乙　多謝，多謝。（看信）哎呀！糟糕。

甲　甚麼事？誰來的信？

乙　我有個親戚住在附近，他要來看我。

甲　他甚麼時候來？咱們這屋子這麼亂，怎麼能招待客人？咱們得馬上整理整理。

乙　你不必緊張，他下個星期五才來，還有一個多禮拜呢。

甲　你作事向來慢，所以最好現在就開始整理。

乙　我作事雖然慢，但是我從來沒誤過事，比你好得多。

甲　咱們不必你怪我，我怪你了。還是立刻就動手吧。

乙　不行，我明天有考試，我得上圖書館去看書，過兩天再說吧。

第三單元

第四課　整理房間

甲　（一星期以後）今天已經禮拜三了，他一點ル都沒動，這個人太懶了。我得想個法子才行。恐怕只好騙他一下了。（寫條子note貼在門上鎖lock

三九

乙 （從門上拿下條子讀 read）「我本來決定禮拜五來看你，後來因為要到這ㄦ來看牙醫，就早來了兩天。剛才我看了牙醫就來看你，你不在家，我下午三點再來。」好傢伙！還有兩個半鐘頭。（把衣服、書、本子 notebook 等 etc. 往壁櫥 closet 跟抽屜 drawer 裏丟 throw，門出去）

（下午三點四十甲進來）

甲 喝！真乾淨，這屋子從來沒有這麼乾淨過。這是怎麼回事？

乙 你怎麼現在才回來？我一個人整理房間整理得累死了。

甲 你何必這麼早就整理，客人不是禮拜五才來嗎？

乙 他因為看牙醫，早來了兩天。上午已經來過了，幸虧咱們都不在家，他沒進來。他在門上留了個條子說三點鐘再來。現在已經三點三刻了，他還不來，我等得急死了。我四點鐘還有一堂實驗，只好不去了。

甲 （忍住笑 stifles laughter）你放心去上實驗吧，他不會來的。

乙 （開始疑心 suspect）你怎麼知道他不會來？（拿起條子仔細 care-

（fully 看）這一定是你寫的。

乙　我非打死你不可。（甲往外跑）（追下 chase）

第四單元　老黃

第一課「看不清楚」跟
「沒看清楚」

（老師一上講台，學生就有人小聲ル笑，因為老師一脚穿黃皮鞋，一脚穿黑皮鞋。）

師　石可磊，你笑甚麼？

生甲　您左脚穿黃鞋，右脚穿黑鞋，左右不一樣，您自己看不見。

師　哎呀！真不好意思。今天早晨我起來得很早，天還沒大亮，我看不清楚，所以穿錯了。

生乙　老師啊，照您上次所講的，「看不清楚」跟「沒看清楚」意思不一樣。您到底是「看不清楚」還是「沒看清楚」？

師　我起來的時候ル，屋子裏還是黑的，所以我是看不清楚。要是屋子裏是亮的，或者我開了電燈，可是我還把鞋穿錯了，那就是沒看清楚。你們懂了沒有？

眾學生　現在懂了。

師　今天我的樣子的確有點ㄦ奇怪。可是今天我要給你們講第八課，我要用一個特別的法子講，所以我樣子特別一點ㄦ倒也很合適，你們看啊，地上有東西沒有？有沒有東西？

眾學生　沒有，甚麼都沒有，甚麼都看不見。

第四單元

第二課　狗房子

（現在地上有了黑布 black cloth 蓋着 cover 的狗房子）

師　現在呢？

眾學生　現在有東西了。

師　王如章，現在地上是甚麼東西啊？

王　是個大盒子。盒子裏是甚麼就不知道了，因為看不見。

師　我把布拿掉你們就看得見了。

眾學生　啊，是條大狗，真漂亮。

師　這是我們家的狗，名字叫來喜，可是我們都管他叫老黃，這是老黃住的房子。

眾學生　噢，這房子很不錯嘛！

師　老黃，你來。（老黃從狗房裏出

來）我給你一塊餅乾吃。（狗吃餅乾）現在你回去吧。（門已經關上了，狗走到門前進不去，老師走過去。）

老黃進不去了，因為門開不開，現在我把門開開，他就進得去了。（狗進去）

老黃，你出來。你上這ル來。你走到椅子那ル去。你跑到桌子底下去。你跳出來。（狗喘氣 pant）

第四單元　第三課　老黃太累了

師（cont.）你累了嗎？你歇會ル，喝點ル水。（狗喝水）你站起來。坐下。站起來。那張凳子有點ル高，我不知道你爬得上去爬不上去？你試試看吧。（師走到凳子旁邊ル）老黃，你爬上來。

現在讓我坐在椅子上，你坐在我身上，好不好？你跳下去吧。

現在我要你先站在學生前頭，再站在凳子跟椅子的中間ル。

怎麼，你想坐在那把椅子上？那把椅子太小，你坐不下去。你躺

師　（cont.）老黃不喜歡待在房子裏頭，他喜歡在房子外頭玩ル。因為外頭空氣好，地方也大。外頭又有草地，又有花ル，又有樹。

老黃有時候ル喜歡吃花ル，我跟老黃説，「你又吃花ル了，我告訴你不許吃花ル嘛！你要是再吃花ル我就要打你啦！」他搖搖頭，意思是説他以後不敢再吃了。

雖然老黃在外頭玩ル得很高興，可是時候ル已經不早了，他得走回房子裏去了。他走到門口ル，剛

在地上吧。或者你就趴着吧。

老黃，你歇夠了吧？現在我要你先跑到桌子左邊ル，再跑到桌子右邊ル，然後你就在椅子前頭坐着，再到椅子後頭站着。

好！過來，跑過來。

（對學生）你們看，這會ル老黃在我面前走來走去，讓我沒法子作事情。我就跟他説「老黃啊，別在這ル走，到房子旁邊ル走。」他就走到房子旁邊ル去了。現在他正在房子旁邊ル走呢。

要進去，我叫他：「老黃，你看門上有甚麼？」

老黃　世，門上有張山水畫ル。

師　你再看看門上頭有甚麼？

黃　門上頭有幾個字。

師　有幾個甚麼字？

黃　字太小了，我看不出來是甚麼字。

師　你走近一點ル就看得出是甚麼字來了。

黃　現在我看出來了。

師　好，你念念看。

黃　第八課：外頭、裏頭、上頭、底下、前頭、後頭、左邊ル、右邊ル、中間ル、出來、進去、上來

、下去、起來、Localizers and Directional Complements。

師　（對學生）你們都看清楚了吧？第八課所講的，第八課所有的字，連老黃都懂了，難道你們還不懂嗎？我猜你們肯定都懂了。我猜得不錯吧？

眾生　您猜得肯定錯了，我們還不懂，因為老黃聰明我們笨。

第五單元　畫鼻子

第一課：我真睏

（星期一上午九點在教室外頭）

學生A　（打呵欠 yawn ）我真睏，
我昨天晚上兩點鐘才上牀。

學生B　你上哪ㄦ去了？

A　我父母前天到紐約來了。他們是
來看我妹妹的。我妹妹打電話告
訴我，我昨天就到紐約去了。我
哥哥、姐姐、弟弟也從波士頓、
費城到紐約。我們一塊ㄦ玩ㄦ了
一天。

B　你們都玩ㄦ了些甚麼地方？

A　這是我父母第一次到紐約，我們
看了聯合國、世界貿易中心，還
有自由神像。我們當然也上中國
館子去大吃了一頓。

B　那你們一定玩ㄦ得很高興咯。

A　高興是高興，可是很累。

B　我看你今天上課大概又要睡覺。

A　不會的。

（學生進教室坐下，老師進來開
始講課）

老師　今天講第二十課。在沒有講課
文以前，我先給你們講一講五四
時代的中國社會。

B　（學生B對C小聲說，指着A）
你看，他又睡着了。

C　他總是一上課就睡覺。
（C把粉筆放在A鼻子前邊ル，
A的鼻子碰在粉筆上，有一塊白
。）

D　我這ル有各種顏色的筆。
（給C幾枝顏色筆，C用這些筆
放在A鼻子前邊ル）

師　我忘了戴錶，現在幾點了？

E　九點四十八分。快下課了。

師　現在時候ル到了，我們就講到這

ル。下次上課以前，你們除了預
備課文作練習以外，一定得上語
言實習室去聽錄音帶。

B　咱們要不要把他叫醒？

C　這回咱們不叫他，看他睡到甚麼
時候ル。（下一堂課的學生進教
室。坐在後面的兩個學生看見A
，覺得很奇怪。）

學生F　這個人好奇怪，你認不認識
他？

學生G　也可以説認得。

F　怎麼叫「也可以説認得」？

G　因為我認得他，他不認得我。我
們住在一個宿舍裏，他在宿舍裏

很有名，晚上大家念書的時候ル，他不是大聲唱歌ル，就是把電唱機開得很響，所以人人都討厭他。

第五單元

第三課 打呼嚕

F 他睡得真好，要不要把他叫醒？

G 不叫他，看老師怎麼辦。

（老師上講台把書開開，這時A忽然打呼。）

老師 甚麼人打呼？怎麼還沒有開始上課就打起呼來了。

F 是這位同學。

師 他鼻子是怎麼回事？

G 不知道是怎麼回事。鼻子上有紅、黃、藍、白、黑、綠各種顏色。

師 把他叫醒。

G 嘿！醒了！醒了！

（A睜開 open 眼，四面看，驚惶 startled，看看錶，站起來。別的學生都忍住笑 stifle laughter）。

A 這是甚麼課？

（學生大笑）

師 電子計算機，你好像不是這班的學生。

A 不是，不是，我是上一班中文課

四八

的學生。對不起，對不起。（往外走）

師 你最好先到廁所照照鏡子，把臉洗一洗。

A 是，是。

A （進廁所照鏡）

A 哎呀！糟糕。一定是小李幹的好事。

第五單元

第四課　小李幹的好事

A （抓住 catch C 的膀子往後扭 twisting

arm）小李！你太可惡了。你怎麼可以這樣開玩笑，讓我鬧了個大笑話。

C 哎喲！哎喲！對不起，對不起。

A 哎…喲！

A 你說，你怎麼道歉吧？

C 我請你看電影，行不行？

A 好，這個週末，禮拜六下午。

C 好，好，好，可以，可以，可以，可以。

C （揉 massage 膀子同時笑着說）老張，你現在可以告訴我了吧，你是幾點鐘醒的？

A 我是十點五分醒的。

C 你是怎麼醒的？

A 是坐在旁邊ル的一個學生把我叫醒的。

C 老師說甚麼？

A 老師說我好像不是那班的學生，別的學生都笑起來了。老師叫我到廁所去照照鏡子，把臉洗一洗。世，現在我也要問問你，你是甚麼時候ル給我畫的臉？

C 大概九點一刻開始的。

A 是在那ル開始畫的？

C 在鼻子尖ル上開始的。

A 怎麼有那麼多顏色？是怎麼畫的？

C 我把顏色筆放在你鼻子前頭，是你自己碰的。

A 哪ル來的顏色筆？

C 顏色筆是小丁的。

A 太可惡了，走，咱們去找小丁去。

C 對，看電影ル他也得出錢。

（同下 go off together）

第六單元 下一個是誰

第一課 預備上學

女媽！我又找到一個人搭我的車去

學校，現在連我自己一共有四個人了。我們決定後天動身。

母　你東西都預備好了嗎？要用的東西都帶了吧？

女　除了還要買兩條洗澡毛巾以外，別的都預備好了。

母　你可以到大東街那家百貨公司去買，他們那ㄦ的東西又便宜又好。我給你看一樣ㄦ東西，你看這兩雙球鞋。

女　這兩雙球鞋完全一樣嘛。

母　這雙是那家百貨公司買的，十二塊七毛五；；那雙是另一家買的，一樣的東西價錢十五塊九毛九。一樣的東西價錢

差這麼多。廿，那幾個坐你車的人都會不會開車？

女　有一個不會，不過有三個人開車也足夠了。有一個人也會開車，也會修車，有她在車上我就放心了。

母　他們都開過長途沒有？

女　開—過。他們都比我大，只有我是新生，他們有兩個是三年級，有一個明年就畢業了。

母　咱們那輛舊車幾萬哩了？

女　四萬五千多哩，我剛把車送去修理過，沒有問題。

五一

第六單元

第二課　請媽媽幫忙

（第二天晚上，父、母、女在客廳裏）

父　小珍，你這次能上這個大學，這ル所有的親戚朋友都覺得很高興。這個大學雖然貴，可是的確是個好學校，他們有幾系全世界都有名。希望你好好ル地過四年大學生活。一方面要用功讀書，一方面也要知道怎麼玩ル，尤其要緊的是學怎麼作人。

母　我覺得你有些不好的習慣應該改掉，比方說你總是一邊ル看書，一邊ル吃糖。

女　我已經比以前吃得少得多了。

母　還有你每天睡得太晚，總是半夜兩三點才上牀，第二天累得眼睛都睜不開，哪ル還有精神上課。

女　知道了，我都知道了。媽，我有件事要請您幫忙。

母　甚麼事？

女　我那幾盆花ル還有金魚都不能帶去，得請您管管。

母　你知道我最不會管花ル，我尤其討厭養魚。

女　我當然知道，可是我沒法子帶去，只好麻煩您了。

母　好，我試試看吧。小珍啊，這是你第一次離開家，我真有點ル不放心。你到了學校要常常來電話喔。

女　爸、媽，您放心吧！我一定會常打電話回家的。

第六單元

第三課　同屋ル

（第一次電話）

母　喂，喂，您哪ル？您哪一位？您找誰？噢，你是小珍啊。電話聲音壞極了，我都沒聽出是你來。你掛上再重打一個。（鈴又響）

母　喂。

女　媽，我們到了，我已經搬進宿舍了。

母　你們一路都好吧？宿舍房間怎麼樣？

女　一路都很順利。剛出來的時候ル天氣不大好，下雨，後來就晴了。我們開了六個鐘頭ル就到了。這ル宿舍很好，房間很大，我們兩個人一間。

母　那你有個同屋ル了，她來了沒有？

五三

女　她還沒搬進來，不過我們已經見過面了。她是從加州來的，人很好，我們很談得來。

（第二次電話）

母　小珍，你怎麼樣了？你怎麼三個星期都沒消息啊？

女　我功課忙得要命，而且我晚上睡不好。

母　你又是睡得很晚，是不是？

女　不是，我睡不好是因為我同屋ル的緣故。

母　怎麼？你跟你同屋ル吵架了？你上次不是說她非常好嗎？

女　我們沒吵架。她這個人白天很好，到晚上就不對了。她睡覺的時候不是打呼，就是說夢話，有時候還咬牙，咬得難聽極了，所以鬧得我簡直沒法子睡。

母　那你不是每天晚上都睡不着嗎？

女　雖然不至於天天睡不着，但是也差不多這樣ル了。

母　那你應該搬到別的屋子去。

女　可是我又不願意離開她。要是我搬出去，她一定很難受。她真是個好人，她心好，性情好，又愛乾淨。也許我再多聽幾天她打呼

就習慣了。

母　有一個不好的消息要告訴你，就是你的菊花死了。

女　（黯然 sadly）哦。

（第三次電話）

女　媽！我的手摔傷了。

母　怎麼回事？摔得利害不利害？

女　沒事ル，您別緊張。昨天下午我的汽車被我同屋ル給開出去了，我就走路到街上去買點ル東西。路上有冰，我一個不小心就摔了。摔得很輕，過幾天就好了。

母　你的玫瑰花ル死了。

女　哦。

第六單元

第四課　我真擔心

（第四次電話）

女　媽，有個好消息告訴您，今天下午我最後一次看醫生，他說我的手已經完全好了。

母　好極了，以後一定得小心，別再摔啦。

女　下個月這ル有個中國晚會，同學們要唱中國歌ル，作中國菜，寫中國字，畫中國畫ル。他們叫我

教他們，我只好請您幫忙。

母　你要我怎麼幫呢？你難道要我到你學校去嗎？

女　不是，我想請爸爸、媽媽還有您的朋友王伯伯、李伯伯、張叔叔、丁叔叔、陳阿姨幫忙給我錄一捲錄影帶，把唱歌ㄦ、作菜、寫字、畫畫ㄦ都錄上去。不知道他們肯不肯？

母　（sarcastically）你倒真想得出好辦法來。我去給你問問他們吧。

女　您跟爸爸常唱的那個歌ㄦ「我們是小孩ㄦ」很好聽，您可不可以給我們錄那個歌ㄦ？

母　哪ㄦ有這麼個歌ㄦ啊？我從來也不知道有這麼個歌ㄦ。

女　還有甚麼風啊，鳥ㄦ啊甚麼的。還要請您跟王伯伯、陳阿姨他們幾個人合唱一個歌ㄦ，好不好？希望您下個星期就寄給我，因為我們得早點ㄦ開始練習。

母　噢，你是說「記得當時年紀小」。

女　對了，對了，就是那個。

母　好吧，我們試試看吧，你可真麻煩。

（第五次電話）

母　喂、小珍，小珍，你的金魚死了。……小珍，你怎麼了？你

五六

怎麼沒聲音了？

女 （聲音微弱 feeble）媽，菊花死了，玫瑰也死了，現在金魚也完了，我真擔心。

母 你擔心甚麼？

女 我不知道爸爸怎麼樣了。

母 胡說！你爸爸又不是花ㄦ又不是魚，你別讓我生氣了，我不跟你說了。再見。

第七單元

看法不同

第一課 有了男朋友了

（一對中年夫婦 middle aged couple 坐在客廳裏。男的看電視，女的打毛線 knit。電話鈴 bell 響，女的去接。）

母 喂。

女 媽，我考完了，考得累死了。

母 你一定是沒睡覺，你得好好ㄦ地休息休息。你甚麼時候ㄦ回來？

女 我後天回家。媽……

母 甚麼事？你怎麼不說話了？

女 我要跟一個朋友一塊ㄦ回來，想請他在家裏住幾天，好不好？

母　好啊，沒問題。我在你屋子裏再
放一張牀，你們住在一個屋子裏
說話方便一點ル。

女　媽，是個男朋友，讓他睡在（or
de）客廳裏的沙發上吧。

母　哦，你有了男朋友了，太好了！
你怎麼不早點ル告訴我們呢？我
跟你爸爸前天還在那ル着急呢，
說你大學都快畢業了，還沒有男
朋友。你們已經很好了嗎？

女　嗯，我們已經談到結婚了。媽，
白天打長途電話很貴，現在不跟
您多談，等見了面再說吧。

母　好。（兩人同時掛電話）

第七單元

第二課　他們回來了

母　（對父）你聽見沒有？是小珍來
的電話？

父　（看電視）嗯。

母　你已經看了兩個鐘頭的電視了，
我跟你說甚麼你都聽不見，不許
看了。（把電視關掉 turn off）小
珍來電話說她有了男朋友了。

父　真的？

母　她說她考完了，後天跟她男朋友
一塊ル回來，要請他在家裏住幾

天。他們已經很好了，都談到結婚了。

父　這麼重要的事，她**為**甚麼不早跟我們談談？

母　她的性情就是這麼特別，你也不是不知道。

父　她現在有了男朋友了，你高興了吧？

母　我當然高興了，難道你不高興嗎？

（過兩天，門鈴 doorbell 響，父開門見小珍及男友，父吃驚 dismayed）

女　爸，我給您介紹，這是我朋友李文新。

李　王老伯。

父　（叫母）：梅英！小珍回來了。（母從裏面出來）

女　媽，您好。這是我朋友李文新。

李　王伯母。

母　你們吃了午飯沒有？肚子一定餓了吧？

女　我們在飛機上吃過了。

第七單元

第三課　李文新

（父跟李在客廳沙發上坐下）

父　你們今天是幾點鐘離開宿舍的？

（說三遍，第一遍平常 normal 聲音，第二遍聲音提高 raise 一點ル，第三遍大聲。）

李　我們是上午九點離開宿舍的。

父　（大聲）你們是怎麼來的？是坐火車來的，還是坐飛機來的？

李　我們是坐飛機來的。

父　你們是在哪個飛機場上的飛機？

李　我們是在北機場上的飛機。

父　是南機場還是北機場啊？

李　我們是在北機場上的飛機。

父　（自語 talking to himself）跟他說話可真累。

（在客廳另一邊或在另一間屋子

母　（小聲）我知道你常說人好看不好看沒有關係，最要緊的是性情好。可是人的樣子也不應該太特別，是不是？你看看你這位朋友，頭髮半灰半黃，耳朵一高一低，眉毛一長一短，眼睛一大一小，鼻子特別大，嘴的樣子也很奇怪。

女　媽，您不必這麼小聲說話，李文新耳朵不好，他是不會聽見的。

母　甚麼？說話聽不見，那你怎麼跟他談話呢？

女　真的好朋友是並不一定要談話的

六○

母 （生氣 annoyed）對了，你說得真對，他真是你的好朋友。我沒甚麼可說的了，你去陪你的好朋友去吧。（下 goes out）

第八單元 為甚麼學中文

第一課 愛人跟太太

（甲中國人 乙、丙美國人）

甲 我一直想問你們兩位一個問題，可是老沒有機會，今天正好你們兩位都在這ル，我就來問問你們

乙 吧。我的問題就是你們當初為甚麼要學中文？老王，請你先說吧。

甲 我的回答很簡單，因為我是中國人，所以我要學中文。

乙 wife？這個字你為甚麼要用英文說？

甲 現在有的中國人管 wife 叫太太，有的叫愛人。去年我在北京、上海、南京、西安、廣州人人都管 wife 叫愛人，可是香港、台灣還有美國的中國人都管 wife 叫太太。我也不知道該怎麼叫好，所以現在我看到懂英文的中國人我就說 wife。

甲 你這個法子很不錯。

六一

乙　用 wife 這個字來說自己的 wife 是沒有問題了，可是要稱呼別人的 wife 還是有問題。比方說張先生給我介紹他 wife，要是他管 wife 叫「太太」，我可以稱呼她張太太，但是如果他管 wife 叫「愛人」呢，我就不知道該怎麼叫了。因為我不能稱呼她「張愛人」，也不能叫她「張 wife」。

甲　你可以叫她名字或者叫她小王甚麼的。

乙　要是我跟她很熟，當然可以這麼叫，可是我跟她第一次見面，怎麼能叫她名字或者叫她小王、小李呢？

第八單元

第二課　逼女兒學中文

甲　世，這倒的確是個問題，只好先不稱呼她，等熟一點ㄦ再叫她名字吧。現在回到我剛才問你的問題，你說你 wife 是中國人，所以你要學中文，難道你 wife 不會說英文嗎？我記得她是在美國上的大學，你們是同學，她當然會說英文嘍。

乙　我 wife 是會說英文，可是我女兒不

六二

肯說你學中文。

甲　這跟你學中文又有甚麼關係呢？
你越說我越糊塗了。

乙　我wife總逼我女兒學中文，她對女
兒說：「你媽媽是中國人，你就
應該會說中國話，會看中文書。
」她每個星期六把女兒送到中文
學校去學中文，女兒很不願意去。

甲　為甚麼？

乙　女兒覺得她從星期一到星期五已
經上了五天學了，週末本來可以
好好ル玩ル玩ル，現在禮拜六又
要早起、作功課、上學，她覺得
很不公平。她也覺得她是被媽媽

逼着去學中文的。

甲　既然她不願意學，也就不用逼她
了。

乙　我也是這麼想，可是她媽媽不肯。

甲　那你女兒說甚麼呢？

第八單元

第三課　為甚麼學中文

乙　她常說「I hate Chinese」我wife很生
氣。她越逼女兒，女兒就越不肯
學中文，母女的關係很緊張。後
來我想要是我學會了中文，我跟
我wife在家裏說中文，那女兒也就

會說了。就這麼樣，我就開始學中文。我一開始學，就對中文非常有興趣，所以就一直學到現在。

甲　你學了幾年中文了？

乙　我在暑期學校裏學了三年，然後我在台北住了一年，在北京住了一年，回來以後繼續學。現在已經學了六年了。

甲　那麼你呢？老丁啊，你學了幾年中文了？

丙　我也學了六年了。我在大學的時候喜歡比較文學。有一次我念了一門ル中國文學課，讀了幾首英文翻譯的李白的詩，我覺得在我

所讀過的詩裏再沒有比李白的詩更好的了。那真是世界上最好的詩……

甲　對不起，我打個岔，你記不記得是哪幾首？你能不能說一、兩句？

丙　……嘶（ss）這個我一時倒想不起來了。（改變話題 changing the subject）我不但喜歡中國文學，我對國際政治跟亞洲歷史也有興趣。同時我看中美關係一天比一天好，所以我就決定學中文。

丙　（搔首 scratching head）這個，這個

甲　剛才我問老王他為甚麼學中文，

他的回答很簡單，可是我問你，你就說出這麼一篇大道理來。

乙　老丁就是這樣ㄦ。不管你問他甚麼問題，無論是大問題，小問題，他都給你說出一篇大道理，因為他最會吹牛。我跟老丁是多年的老朋友，所以我很知道他，對不對？老丁。

丙　別胡說。

第八單元

第四課　好詩

乙　剛才老丁說李白的詩好得不得了，可是他連一句也想不起來。這讓我想起一個故事來，這個故事是我在中國的時候別人告訴我的。你們都知道中國詩很多是四句，每句七個字。有一回一個人跟他朋友說：「我今天念了一首詩，這首詩寫得真美，我從來沒念過這麼好的詩。」朋友問「這首詩是講甚麼的？」他說「是描寫春天的。」朋友說「既然這首詩這麼好，你能不能背給我聽聽呢？」他說「嘶…這個…這個……頭兩句我忘了，第三句我也記不大清楚，第四句好像是甚麼甚麼

甚麼春。」

（甲、丙同時大笑：哈！哈！哈！哈！）

甲　這個故事很有意思。

丙　你的意思是說，我跟故事裏那個人差不多，是不是？其實你完全不對。

乙　怎麼呢？

丙　那個人還說出一個「春」字來，我連一個字都說不出來，所以他比我好多了。

乙　（sarcastically）哪裏，哪裏，您太客氣了。

甲　現在我要上班了，下次再談吧。

再見，再見。